中公新書 2636

虎尾達哉著

古代日本の官僚

天皇に仕えた怠惰な面々

中央公論新社刊

はじめに

古代の日本は天皇を頂点とする「専制君主国家」である。ほとんどの古代史研究者たちはそう信じて疑わない。たしかに、外観は専制君主国家そのものだ。七世紀後半以降、日本は律令《りつりょう》（律は刑法、令は行政法）に基づく体制をとったことから、一般にこれを律令国家と呼んでいる。その律令は中国（唐《とう》）から輸入されたものだが、本家の中国では、律令とは絶大な権力を一手に握る専制君主（皇帝）のための法典だった。だから、古代日本の律令国家が一見専制君主国家らしい体裁をとっているのは当然である。

しかし、問題は内実だ。専制君主が治める国家に絶対なくてはならないもの、それは君主に対する忠誠心に満ちた勤勉な官僚群である。この忠良なる官僚群が専制君主の手足となって、いかなる命令にも、たとえそれが恣意的《しいてき》で不条理な命令であっても、謹んで従い、時に身命を捨ててでも忠実に職務を遂行する。いやしくも専制君主国家という以上、官僚はそうでなくてはならない。

それでは、古代の日本はどうか。律令国家の官僚といえば、一般には忠義で勤勉というイ

図表1　朝賀儀の風景　早川和子氏作「大宝元年の元日朝賀の想像図」．奈良文化財研究所蔵

メージを持たれる方も多いだろう。天皇や筆者もかつてはそうだった。上司に従い、それこそ律令をはじめとする諸法令・諸規則と首っ引きで職務完遂にこれ努め、滅私奉公をも厭《いと》わない。まさに「宮仕え」の悲哀だが、日本人が美徳としてやまない忠義と勤勉に生きる官僚の姿がそこにある。「せまじき（すまじき）ものは……」と自嘲《じちょう》しながら、私たちはどこか「宮仕え」の美学に魅《ひ》かれてもいる。

律令国家の官僚にはもう一つ、よく統制されて規律正しいというイメージをお持ちの方も多いので

はないか。実は筆者も漠然とそう思い込んでいた。
　古代のある場面をご紹介しよう。大宝《たいほう》元年（七〇一）正月元日、時の帝都藤原宮《ふじわらきゅう》で朝賀儀《ちょうがぎ》が行われた。朝賀儀とは、毎年元日に朝廷に仕える官人《かんじん》たちが整列し、大極《だいごく》殿《でん》（朝廷の正殿）の天皇に向かって一斉に慶賀の拝礼を捧《ささ》げる大がかりな儀式のことである。この年はちょうど律令国家の船出の年でもあった。官撰《かんせん》史書『続日本紀《しょくにほんぎ》』の記事はこの朝賀儀の威厳に満ちた情景を述べた後、最後を誇らしくこう結んだ。「文物《ぶんぶつ》の儀ここに備われり」と。
　この一句から誰《だれ》しも思い浮かべるのは、その場に居並んだ新生律令国家のおおぜいの官人たちが、緊張した面持ちで一糸乱れず懸命に定められた拝礼の所作をとっている晴れがましい様子だろう。まるで映画「ラスト・エンペラー」の紫禁城《しきんじょう》の一シーンのように。
　律令国家の官僚たちは専門用語では「律令官人」と呼ぶ。はたして、その律令官人は専制君主国家の名にふさわしい忠良なる官僚だったのか。右に挙げたイメージ通りの忠義で勤勉、そしてよく統制された規律正しい官僚たちだったのか。いや、どうもそうではないらしい、と筆者が疑いを抱くようになったのはこの一〇年ほどのことである。

これまでの研究者は誰一人取り上げていないが、古代日本の官僚機構では、実は官人たち、とくに下級官人たちによる怠業、無断欠勤、無断欠席が横行していたのである。のちに詳しく述べるが、たとえば平安時代初めのころの朝賀儀は、官人たちの無断欠席が常態となっていた。天皇が大極殿に出御《しゅつぎょ》しても、うやうやしく拝礼を捧げるはずの官人たちは、待てど暮らせど儀場に姿を見せないのである。朝賀儀に限らず、官人たちの「不参《ふさん》」（無断欠席）はいろいろな場面で見られる。これは最初は規律正しく勤勉だったのが、時代を経るにつれ、徐々に体制が弛緩《しかん》し、怠業などの悪弊が現れるようになった、といったようなものではない。そんな利いたふうな説明は思考停止によるものだ。

「最初は規律正しく勤勉だった」などと、どうして言えようか。官僚が規律正しく勤勉であるためには、それを美徳とし、さらには強要してやまない儒教的社会規範が必要だ。官僚に限らず、現代の日本人の多くが規律正しく勤勉であるのは、日ごろは意識しないが、江戸時代以降に広く浸透したこの儒教的社会規範のおかげである。むろん、古代の日本には、まだそのような社会規範は存在していないのである。古代の日本では、律令官人たちは最初から規律正しくもなく、勤勉でもなかったと考える方がむしろ理にかなっている。

本書では、奈良時代を中心に、飛鳥《あすか》時代後半から平安時代前期（七世紀後半から九世紀）までの律令国家の時代、つまりは「専制君主国家」の時代に焦点を当て、そういう官人たちの実態と、国家・人事官庁の対応をできるだけ多くの実例を挙げて明らかにしようと思う。そして、そのことを通じて、筆者は読者に次のような従来にない新しい知見を提示したいと考えている。

律令官人は、実は過剰な君臣観念にとらわれることなく、時に自己の利益を優先させる合理性やしたたかさを持っていた。彼らを管理した人事官庁のノリノツカサ（式部省《しきぶしょう》）も基本的には彼らを擁護する立場をとった。そして国家もまた、彼らを強権をもって厳しく統制することはしなかった。むしろ、相当程度許容しながら、形式・体裁だけは整えるといった柔軟で現実的な対応をとった。それが専制君主国家とされる古代日本律令国家の内実だった。

さて、本書が取り上げる古代の官僚、律令官人については、一般向けの類書もほとんどない。多くの読者にとっては馴染《なじ》みが薄く、あるいは近づきがたい存在かもしれない。そこで本書では、まず第一章で律令官人の前史とその世界について説明する。律令官人はどのようにして出現したか。彼らはどのような規範や秩序の下に生きる人々であったか。お読みいただくことによって、第二章以降に本格的に展開する本書の趣旨をより深く理解していただけると思う。

目次

伊豆	静岡
駿河	
遠江	
三河	愛知
尾張	
美濃	岐阜
飛驒	
信濃	長野
甲斐	山梨
越後	新潟
佐渡	
越中	富山
能登	石川
加賀	
越前	福井
若狭	

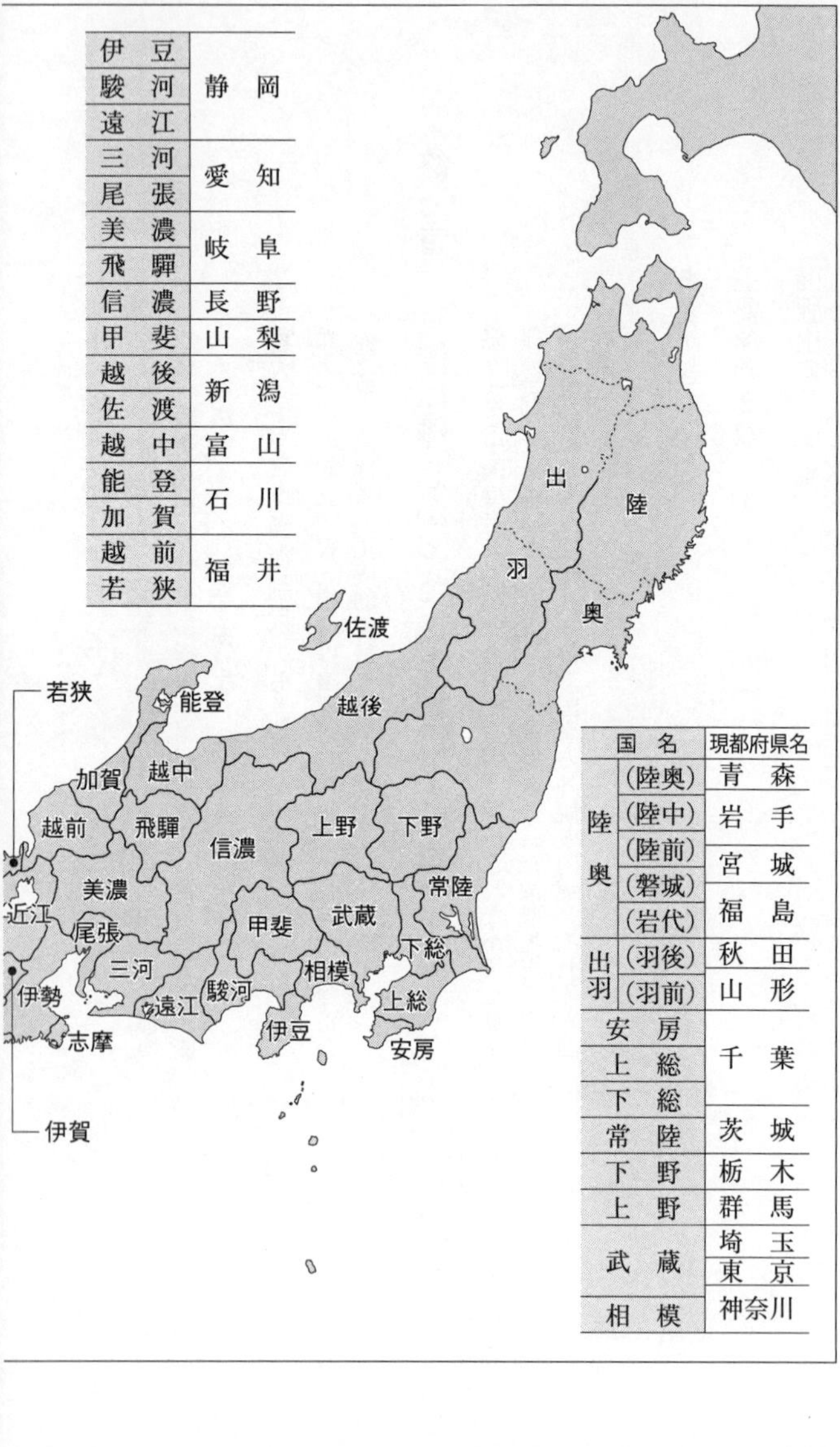

国名		現都府県名
陸奥	(陸奥)	青森
	(陸中)	岩手
	(陸前)	宮城
	(磐城)	福島
	(岩代)	
出羽	(羽後)	秋田
	(羽前)	山形
安房		千葉
上総		
下総		
常陸		茨城
下野		栃木
上野		群馬
武蔵		埼玉
		東京
相模		神奈川

筑前	福岡
筑後	
豊前	
豊後	大分
日向	宮崎
大隅	鹿児島
薩摩	
肥後	熊本
肥前	佐賀
壱岐	長崎
対馬	

阿波	徳島
土佐	高知
伊予	愛媛
讃岐	香川
備前	岡山
美作	
備中	
備後	広島
安芸	
周防	山口
長門	
石見	島根
出雲	
隠岐	
伯耆	鳥取
因幡	

近江	滋賀
山城	京都
丹後	
丹波	兵庫
但馬	
播磨	
淡路	
摂津	大阪
和泉	
河内	
大和	奈良
伊賀	三重
伊勢	
志摩	
紀伊	和歌山

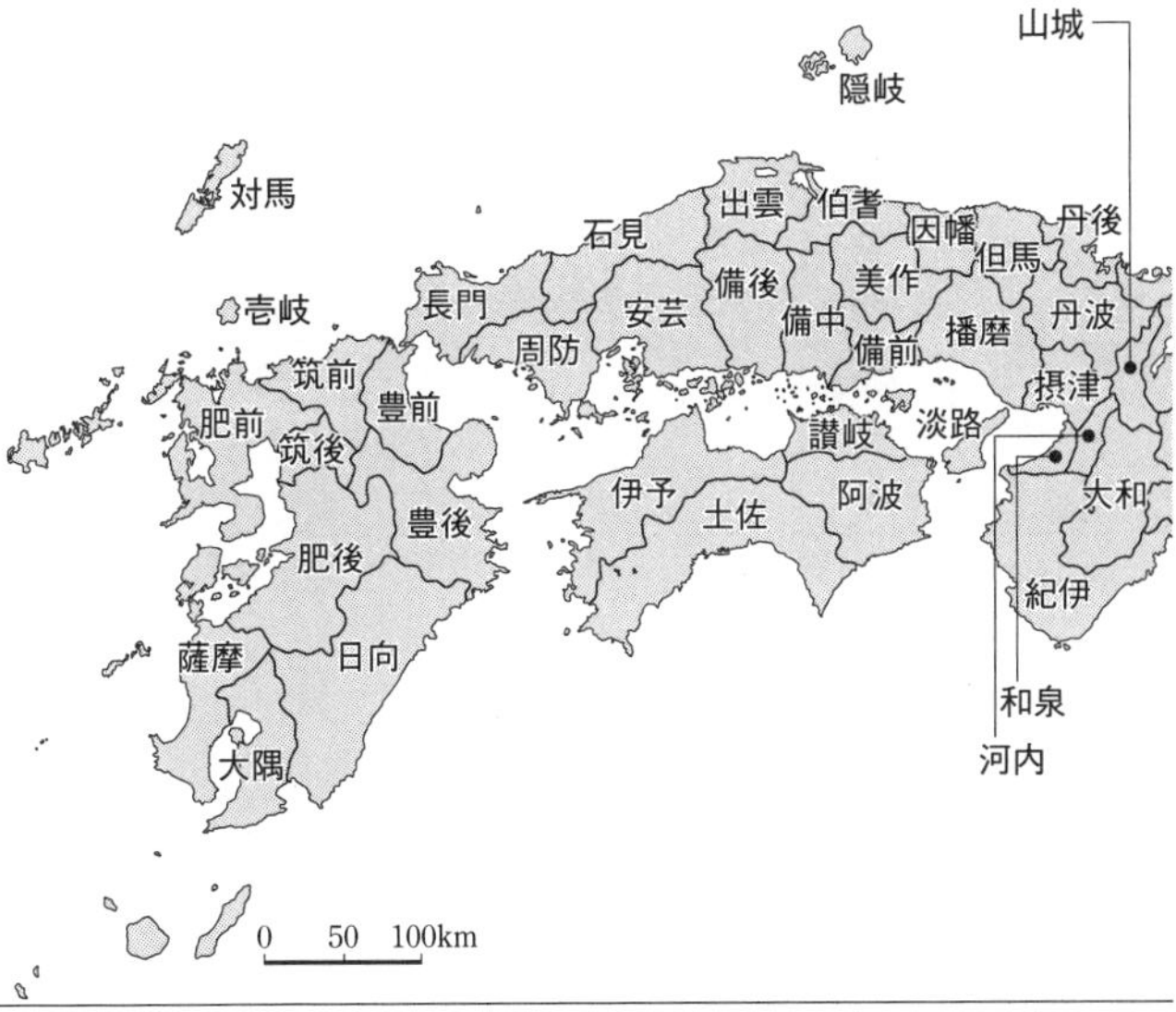

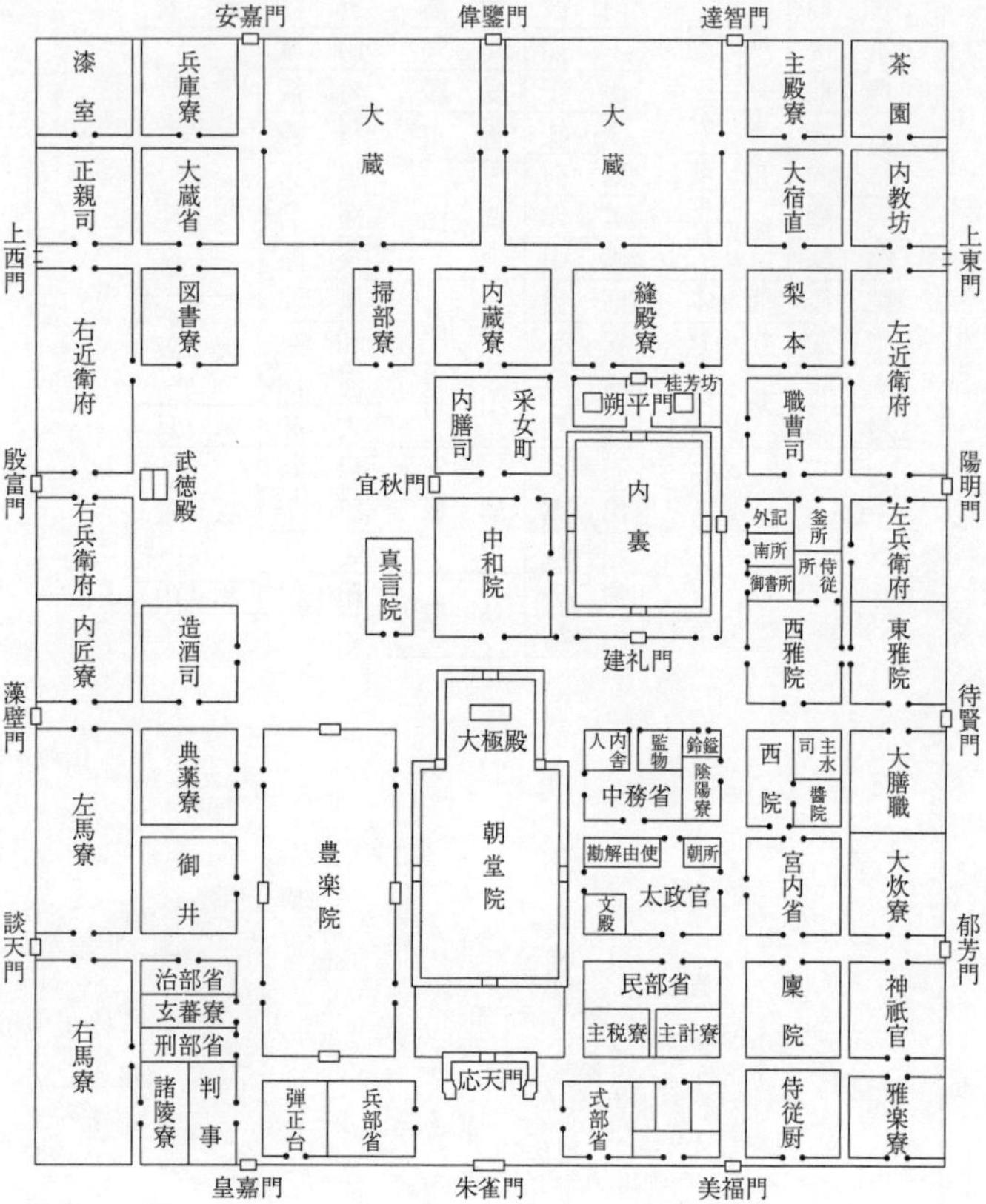

安嘉門
偉鑒門
達智門
漆室
兵庫寮
大蔵
大蔵
主殿寮
茶園
正親司
大蔵省
大宿直
内教坊
上西門
上東門
図書寮
掃部寮
内蔵寮
縫殿寮
梨本
右近衛府
左近衛府
桂芳坊
朔平門
内膳司
采女町
職曹司
殷富門
陽明門
武徳殿
宜秋門
内裏
外記
釜所
南所
侍従所
御書所
右兵衛府
左兵衛府
中和院
真言院
内匠寮
造酒司
西雅院
東雅院
建礼門
藻壁門
待賢門
大極殿
内舎人
監物
鈴鎰
陰陽寮
中務省
西院
主水司
醬院
大膳職
典薬寮
豊楽院
朝堂院
左馬寮
御井
勘解由使
朝所
宮内省
大炊寮
文殿
太政官
談天門
郁芳門
治部省
玄蕃寮
刑部省
民部省
主税寮
主計寮
廩院
神祇官
右馬寮
諸陵寮
判事
弾正台
兵部省
応天門
式部省
侍従厨
雅楽寮
皇嘉門
朱雀門
美福門

図表2　平安宮図

古代日本の官僚

第一章　律令官人とは何か——前史とその世界

1　豪族を官僚に編成する

トモと伴造

四世紀あるいはそれ以前、奈良盆地西南部の三輪山《みわやま》の麓《ふもと》でヤマト王権が成立する。それと同時に、この王権は配下の畿内《きない》およびその周辺の中小豪族たちをそれぞれトモとして、特定の職務を世襲的に担わせ、大王《おおきみ》に奉仕させる体制をとった。

さらに、次第に勢力を強めたヤマト王権は、五世紀代に入ると列島各地で征服戦争を行う一方、朝鮮半島の百済《くだら》から多数の技術者集団が渡来すると、従来のトモ制による朝廷組織は著しく拡充・発展する。渡来人たちの間でも、征服地でもトモ集団が組織される。そして、その征服地でトモ集団を率いる首長（豪族）たちもやはりトモとして中央に上り、王権に奉仕するようになる。

そのようなトモには、王宮を警備するユゲヒ（靫負）、大王家の調理食膳《しょくぜん》に奉仕したカシハデ（膳夫）などのほか、今一つ重要なトモがある。トネリである。実に五世紀以来、故郷を離れて中央に出仕し、服属の証《あか》しとして、一定期間王宮内で大王に近侍。つねに大王を警護し、さまざまな王命にも従った。生身の大王と日常的にもっとも近しく接し、大王の手足となって任務を遂行する。大王との間の人格的な隷属関係はもっとも強い。このトネリはその後も長く残る。

またトモ集団が拡充・発展した五世紀代から六世紀にかけて、そのトモ集団をそれぞれ特定の氏族に命じて世襲で統率させるようになる。このような氏族を伴造（トモノミヤッコ）という。朝廷は、大王の下でマヘツキミとして国政を補佐・領導する少数の大豪族と、伴造として国政諸部門の実務を世襲分掌する広範な中下級豪族層によって構成されるようになる。

伴造は朝廷内にあって分厚い層をなした。しかも、特定の職務と世襲的に結びついていた。だから、のちに七世紀に入って豪族たちを官僚に編成しようとした際、大きな困難が生じることになる。というのも、伴造として特定の職務を世襲してきた中下級豪族層をその世襲職から切り離して他と交換可能な、いわば機械の部品のような個別の官僚に変えることは一朝一夕にはできなかったからである。

本書が主として取り上げる下級の律令官人とは、官僚編成に手こずったかつての伴造たち、つまり中下級豪族層の末裔《まつえい》である。このことをぜひ記憶に留《とど》めておいていただきたい。

七世紀代に話を移そう。日本（倭《わ》）は五世紀までは朝貢国として中国（南朝）に外交使節を送っていたが、雄略《ゆうりゃく》天皇（倭王武《ぶ》）の時を最後に正式な国交を絶つ。その後、中国で隋《ずい》が興《おこ》って南北を統一すると、推古《すいこ》天皇八年（六〇〇）、遣隋使を長安《ちょうあん》に派遣。ようやく国交を再開した。そして、一〇〇年以上もの断絶で生じた中国文物・制度の摂取の遅れを取り戻すかのように、遣隋使や遣唐使とともに中国に渡った留学生たちが積極的に先進の地に学んで文物・制度を発展途上の母国にもたらしたのである。

ところで、この七世紀の前半は、大陸では隋、ついで唐が強大な帝国として君臨し、その圧力を受けた朝鮮半島の三国（高句麗《こうくり》・新羅《しらぎ》・百済）や日本（倭）は生き残りをかけて、それぞれ権力集中を余儀なくされた時代だった。日本はその権力集中を天皇（大王）を中心とする専制君主国家を築き上げることで達成しようとした。むろん、その手本は中国（隋、唐）にある。留学生たちへの期待は大きかったはずだ。

専制君主国家にとって絶対に欠かせないもの、それは忠良な官僚群である。君命を忠実に遂行する。そのような官僚たちをわが国でも作り出す必要があった。

推古十一年十二月、翌年四月（ともに六〇四年）、聖徳太子《しょうとくたいし》（厩戸王《うまやどのおう》）の著名な二つの施策

	小智	大智	小義	大義	小信	大信
建武（立身）	小黒		大黒		小青	
立身	小乙下	小乙上	大乙下	大乙上	小山下	小山上
小建 大建	小乙下	小乙中・小乙上	大乙下	大乙中・大乙上	小山下	小山中・小山上
	進 大広肆 大広参	大広弐 大広壱	追 大広肆 大広参	大広弐 大広壱	務 大広肆 大広参	大広弐 大広壱
	少初位下 上	大初位下 上	従八位下 上	正八位下 上	従七位下 上	正七位下 上

が相次いで打ち出される。冠位十二階と憲法十七条。日本（倭）が初めて官僚群の創出に動き出したのだ。

冠位十二階

冠位十二階とは、朝廷を構成する人々をランク付けする一二階の等級をさす。その等級は頭に被《かぶ》る冠の色によって示された。冠位は文字通り、冠で表示される位のこと。十二階の等級は「徳《とく》・仁《じん》・礼《れい》・信《しん》・義《ぎ》・智《ち》」という六つの徳目におのおの大小をつけた「大徳」「小徳」から「大智」「小智」までの一二の名

冠位十二階				大　小 徳　徳	大　小 仁　仁	大　小 礼　礼
大化三年	大小 織	大小 繍	大小 紫	大 錦	小 錦	大 青
大化五年	大小 織	大小 繍	大小 紫	大 花 上　下	小 花 上　下	大 山 上　下
天智三年	大小 織	大小 縫	大小 紫	大 錦 上中下	小 錦 上中下	大 山 上　中　下
天武十四年	正 大広 大広 大広 大広 壱　弐　参　肆			直 大広 大広 大広 大広 壱　弐　参　肆		勤 大広 大広 大広 大広 壱　弐　参　肆
大宝令	正従 一位	正従 二位	正従 三位	正　従 四位 上下 上下	正　従 五位 上下 上下	正　従 六位 上　下　上　下

図表3　冠位制の変遷

称で表される。

　この冠位十二階は中国で唐代に編纂《へんさん》された『隋書』倭国伝や『括地志《かっちし》』という書物にも記録されている。日本の官僚等級制度として、中国にまで知れ渡っていたのである。しかし、その施行は決してはかばかしいものではなかった。

　冠位十二階は四十数年間の長きにわたって施行された。にもかかわらず、その施行地域は畿内とその周辺に限られ、階層的には上級豪族から中下級豪族までの各階層にわたるものの、その一部分に限られた。それが施行の実態だった（黛《まゆずみ》弘道説）。しかも、当初の対象は主として上級豪族層で、伴造氏族を主体とする中下級豪族層はまだ対象とされていなかった。

上級豪族層の官僚への編成は比較的順調だった。実例を見ても、大徳・小徳・大仁・小仁といった高位の冠位が圧倒的に多い。その高位を授かった者の多くは上級豪族層である。

そのことを象徴的に表す事実がある。先の中国の『括地志』によると、最上位の大徳冠の和訓は「麻卑兜吉寐《マヘツキミ》」であるという。大徳冠がマヘツキミを出す上級豪族層に与えられる冠位であったこと。この和訓はそのことを、はしなくも語っている。同時に、この冠位が特定の地位と密着し、それが慣例となるぐらいに順調に授位が行われたことをも示唆している。

上級豪族は冠位を受けて個別の官僚に編成されても、結局はマヘツキミという前代以来の官（地位）に就いた。冠位授与が順調だったのは当然である。ばかりか、上級豪族層出身のマヘツキミたちこそ、冠位十二階という施策の推進者であった。彼らはより高い冠位、できれば大小の徳冠を喜んで授かった。授かって、マヘツキミやそれに準ずる地位を保持し続けた。実際、彼らの子孫の多くは八世紀の律令制下に入っても公卿《くぎょう》（大臣、大《だい》・中《ちゅう》納言《なごん》、参議《さんぎ》ら）となり、国政の補佐・領導に当たったのである。

一方、伴造氏族を主体とする中下級豪族層を個別の官僚に編成することは多大の困難をともなった。彼らは冠位を受けることに消極的な豪族層だった。そもそも、官僚として就くべき官や官の体系が整備されていない。冠位を授かって未整備な官僚組織の一員になれと言われても、容易に従うわけにはいかない。

そういう状況だから、授位する側も当初は彼らを除外せざるをえなかった。あえて冠位を与えて個別の官僚に編成することはせず、結局そのまま伴造として世襲の職務をもって王権に奉仕させる。官僚組織の整備とともに、追い追い授位して官僚に編成しようという現実的方針をとったのではないか。

しかし、それでも中下級豪族層の授位・官僚化は遅々として進まず、冠位十二階は施行後四十数年を費やしてなお、中央の上級豪族層と一部の中下級豪族層の冠位にとどまった。

憲法十七条

さて、もう一つの憲法十七条はどうか。実はこれもまた、官僚群創出のための施策だった。憲法十七条は法などではない。「官僚の心構え」を説く訓令である。第三条以下を読めば一目瞭然《りょうぜん》。典型的な文言をいくつか挙げてみよう。

第三条　詔《みことのり》を承《うけたまわ》りては必ず謹《つつし》め（詔を受けたら必ず謹んで遂行せよ）

第四条　群卿百寮《ぐんけいひゃくりょう》、礼をもって本とせよ（重臣も一般官僚も礼を規範とせよ）

第八条　群卿百寮、早く朝《まい》りて晏《おそ》く退《まか》れ（重臣も一般官僚も早く出勤して遅く退庁せよ）

第十四条　群臣百寮、嫉《うらや》み妬《ねた》むことあることなかれ（重臣も一般官僚も他人を妬み羨《うらや》んではならない）

第十五条　私《わたくし》を背きて公《おおやけ》に向くは、これ臣の道なり（私を顧みず公に赴くことこそ臣下の道である）

どれもみな専制君主国家の官僚として当然の心構えだ。モデルとしているのは言うまでもなく、中国の官僚像。第四条で「礼を規範とせよ」と説いていることからも明らかだ。

この憲法十七条を制定するに際してもっとも貢献したのは、そのわずか数年前に実地で隋帝国の官僚たちを目の当《ま》たりにしてきた遣隋使たちだった。強大な皇帝権力を執行する官僚機構がいかなるものか。その片鱗《へんりん》にふれ、おそらくは圧倒されて帰国した人々の体験が反映されているはずだ。

しかし、残念ながら、「官僚かくあるべし」と説いてみても、当時はまだ一部の豪族が冠位を与えられて官僚となったばかり。訓令としていかにも時期尚早だった。中国的官僚像をモデルにしたのはよいが、中国の官僚たちが規範とした肝心の礼はわが国に根づいていない。なのに「礼を規範とせよ」とは、これも無理な話である。

しかし、太子たちも時期尚早なのは百も承知である。承知の上で、このような訓令を定めておかねばならなかった。当時の豪族たちは、すんなり中国的な官僚へと生まれ変われるような人々ではなかったのだ。その大半は当初、冠位十二階の対象にもならず、その後も冠位を受けることを望まない守旧的な中下級豪族たちであった。

大化改新期の進展

さて、七世紀初頭に冠位十二階と憲法十七条という画期的な二つの施策が打ち出されたが、中国に範をとった官僚群の創出は遅々として進まなかった。冠位十二階に次ぐ冠位制は大化《たいか》三年（六四七）に制定・施行された。蘇我《そが》本宗家を滅ぼした中大兄皇子《なかのおおえのみこ》（のちの天智天皇《てんじ》）や中臣《なかとみの》（藤原《ふじわらの》）鎌足《かまたり》らは、天皇を中心とする中央集権的国家体制の構築に向け、大化改新《たいかのかいしん》と呼ばれる諸改革を実施してゆく。この大化三年の新冠位もその一環であった。

この新冠位は冠位十二階より一階増えて一三階となった。しかし、見かけはそうだが、実質的には階数を大幅に減らしているのである。

大化三年冠位は旧十二階をすべて半減。その上で、最上位の六階（大織《たいしょく》～小紫《しょうし》）と最下位の建武《けんむ》を新設している。問題は旧徳冠を超える最上位六階だ。実際に該当するのは大臣《おおおみ》クラスに限られる。せいぜい一、二階もあれば十分。非実用的な飾りのような冠位だ。とすれば、冠位十二階は実質的に八階または九階に改訂されたのである。

これは中下級豪族層の官僚化がはかばかしくなかったからである。最下位の建武を新設したのも同じ理由による。冠位十二階の大半が上級豪族層によって占められるようになれば、その十二階の下に新たに中下級豪族層専用の冠位を設けざるをえなくなる。建武はそのような必要から生まれた冠位である。

ところが、大化三年冠位以降の大化改新期に入ると、事態は大きく動きはじめる。中下級豪族の官僚編成が目に見えて進むのだ。それはこの時期の冠位が比較的短期間に改訂を重ねたことに端的に表れている。大化三年冠位の二年後、大化五年（六四九）には一転して階数は一九階に増加するのである。

大織から小紫までの上位六階と建武には手を付けず（建武は立身《りっしん》と改称）、大錦《だいきん》から小黒《しょうこく》までの六階を一挙に倍増させる。それも、たとえば大錦を大花《だいか》上・下の二階に分けるというように、各階を倍増させる。

この一九階からなる大化五年冠位が一五年後にはまたもや改訂となる。天智三年（六六四）の新冠位である。ここで階数はさらに二六階に増加。大化三年冠位から数えて一七年。天智三年冠位は階数を実質でなんと三倍以上にも拡充したのだ。

推古朝に一歩踏み出して以降、中下級豪族層の官僚編成作業はなかなか進まなかった。それがここにきて、大きく進捗《しんちょく》したのである。それもそのはずで、改新政府は大化二年（六四六）、ついに古来のトモ制（部民《べみん》制）を廃止。新たに官僚機構を設置する。その上で、広範な中下級豪族層を積極的に個別官僚に編成していった。冠位の拡充はその結果にほかならない。

ただ、残念なことに、改新期に設置されたその官僚機構の実態はほとんどわかっていない。「将作《しょうさく》」「刑部《けいぶ》」「衛部《えいぶ》」といった中国風の名称の官庁が置かれ、三等官構成をとっていたこともうかがえることから、のちの律令国家の官僚機構に近いものが創設されたらしい。

しかし、この時期に体系的な官僚機構が出現したとは考えられない。中下級豪族たちは冠位を得て、形の上では個別の官僚に編成されるようになってはいたが、実際には旧来のマヘツキミ層やこれを支える臣連《おみむらじ》層（上級豪族）が朝廷を領導し、その下にやはり旧来の伴造層（中小豪族）が従前のように旧来のトモを率いて特定の職務を行う体制が続いていた。

難波長柄豊碕宮

それでも、改新政府は大規模な官僚群の創出に大きく動き出した。そのことを物理的に示すのが難波長柄豊碕宮《なにわながらとよさきのみや》（前期難波宮）である。現在の大阪市法円坂《ほうえんざか》一帯（上町《うえまち》台地）に造営されたこの孝徳《こうとく》天皇の宮は、王宮としては前後と隔絶した規模・内容を持っている。とくに君臣間の儀礼や官僚による執務の場である巨大な区画「朝堂院《ちょうどういん》」を中央に擁していることが目をひく。孝徳がそのような宮を造営して飛鳥の地から遷都した目的の一つは、豪族らを

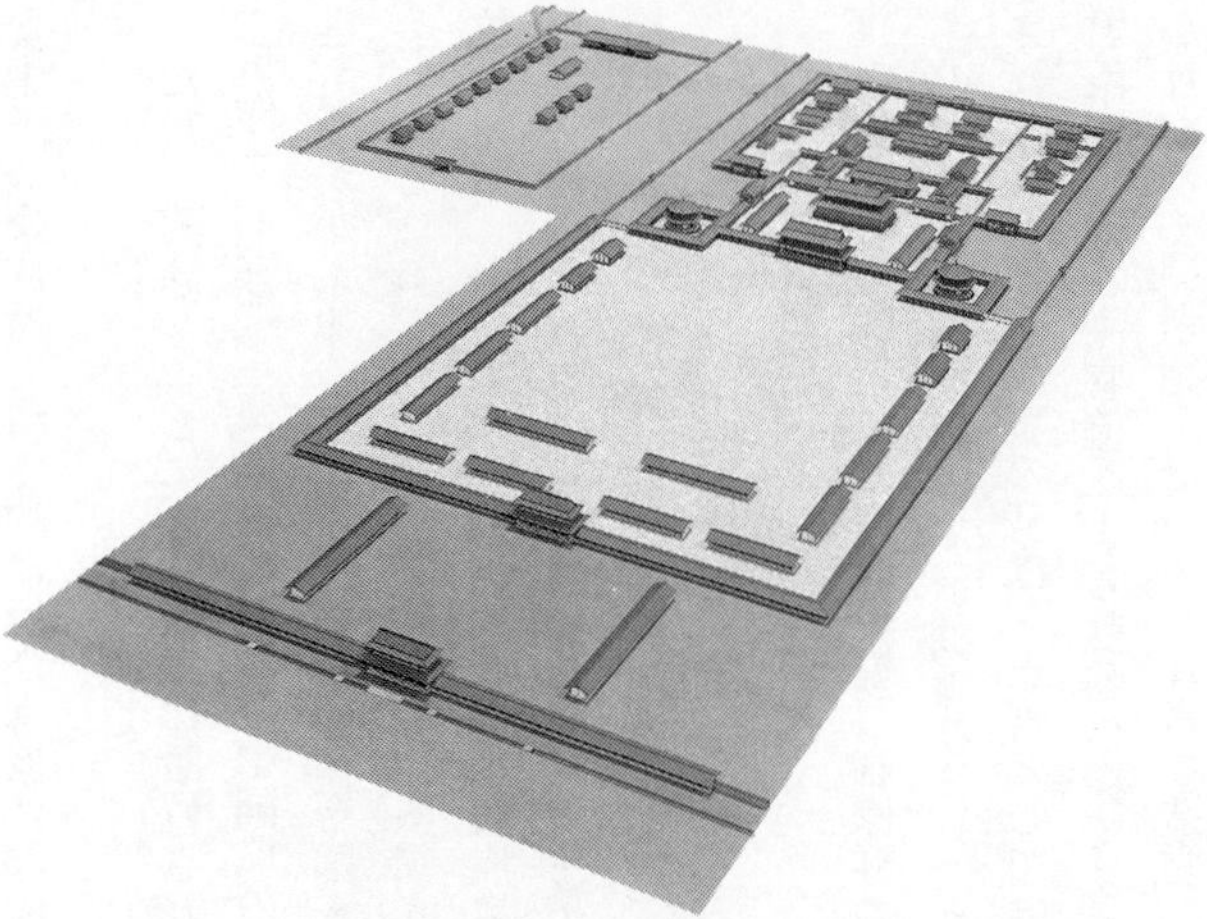

図表4　難波長柄豊碕宮の復元模型　大阪歴史博物館蔵

大和《やまと》から引き離して彼らの勢力基盤を弱め、忠良なる官僚群を創出する点にあった（市大《いちひろ》樹《き》説）。

ところが、その後この孝徳と対立して難波から飛鳥に戻って即位した姉の斉明《さいめい》天皇（皇《こう》極《ぎょく》天皇の重祚《ちょうそ》。舒明《じょめい》天皇の皇后。天智、天武《てんむ》両天皇の母）も、斉明を皇太子として支え、のちに近江《おうみ》に遷都した中大兄皇子も、結局はこの大規模な難波宮を放棄し、あえて後《のちの》飛鳥岡本宮《あすかおかもとのみや》や近江大津宮《おおつのみや》など比較的小規模な王宮で政治を行った。改新期以降創出された官僚群の規模も、前代にくらべれば大きくなったとはいえ、当初の構想とは異なり、巨大な朝堂院を必要とするまでには至らなかったらしい。

2　律令官人群の形成

覇者天武の王権

官僚群の創出とは規模だけの問題ではない。官僚としての質も求められる。その質を保証する教育・統制といった、官僚たちを安定的に生産・管理するシステムが必要となるのである。

天智朝はこの点で注目すべきだ。その末年（六七〇年前後）には官僚の人事を所掌する法官（ノリノツカサ）が設置されていたからである。のちの式部省（ノリノツカサ）の前身で、半島からの渡来人らが起用されて官僚の教育・統制に当たった。この時期には、のちの大学《だいがく》寮《りょう》（官吏養成機関）の前身、学職《がくしき》も設置されていて、その長官にはやはり渡来人が起用されている。この時期には、官僚群の創出が質的側面において大きく進展したと言えそうだ。

しかし、官僚群の創出過程で最大の画期となったのは次の天武朝である。七世紀後半、この天武朝こそは、律令官人が大挙して生まれた時代なのである。天武天皇（大海人皇子《おおあまのみこ》。天智の実弟）はそれを意識的かつ積極的に創出した。律令官人の歴史はここに始まる。だから、ここからは一般的な「官僚」ではなく、「官人」「律令官人」の語を用いることにしよう。

図表5　天皇家略系図（数字は皇統譜による皇位継承の順序）

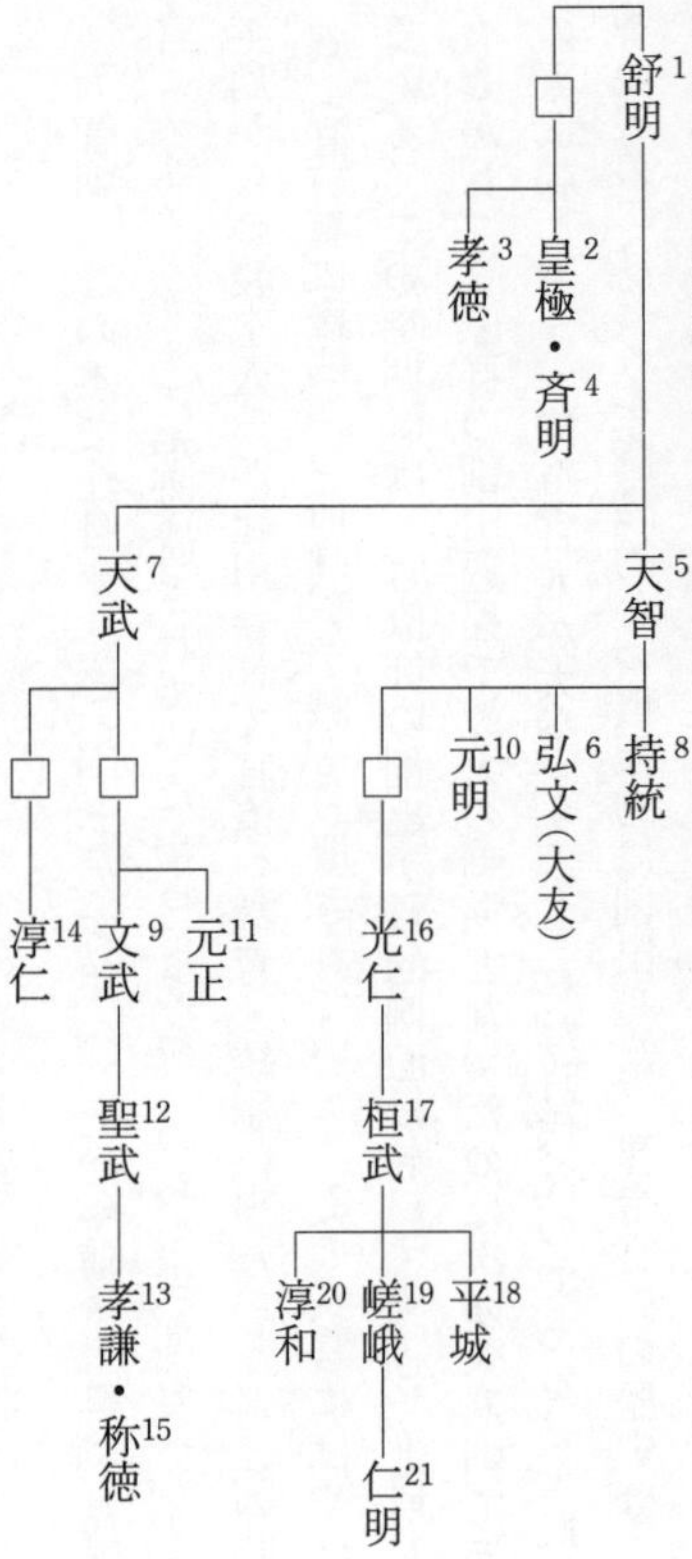

さて、これはたいへん重要なことだが、天武は尋常な手続きで即位した天皇ではない。クーデタという非常手段によって即位した史上稀《まれ》な天皇だ。亡兄天智が遺《のこ》した近江朝廷（首班は甥《おい》の大友皇子《おおとものみこ》）に反旗を翻し、激戦の末これを打ち破った。大友皇子は自決し、大臣以下の朝廷は壊滅。帝都大津京は廃都となった。壬申《じんしん》の乱（六七二年）である。乱後、天武は故地飛鳥に戻る。母斉明の後岡本宮を改作した飛鳥浄御原宮《あすかきよみはらのみや》で即位するためだ。

つまり、天武は絶対的な覇者であった。内乱の規模ではくらべものにならないが、覇者と

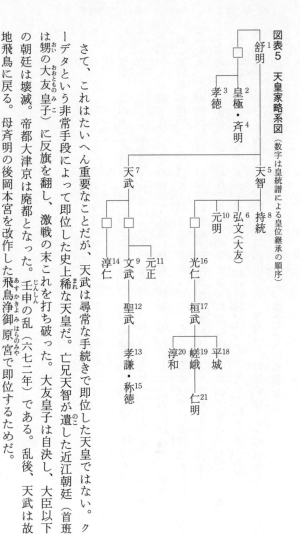

して君主の地位に就いたという点では、漢《かん》の劉邦《りゅうほう》や唐の李淵《りえん》といった創業の皇帝と通じるものがある。ばかりか、明らかに天武はわが身をそのような中国皇帝像に重ね合わせた。彼が専制君主としての強力な執政を志向したのは当然である。

その専制君主天武にとって、喫緊の課題とは何であったか。自らの強力な執政を支える官僚機構、これをいかに構築するかだ。ただ、そうはいっても、すべて最初から作り上げる余裕などない。だとすれば、つい先日まで死闘を繰り広げた旧近江朝廷の官人たちを、今度は自分の手足として配下に置くしかない。これは言うほど簡単なことではない。旧朝廷の幹部クラス（上級豪族層）について、極刑や流刑に処した一部を除き、他はすべて罪に問わないとした。懐柔策である。

もっとも、天武はその治世中、大臣以下の議政官《ぎせいかん》組織を置かず、上級豪族層の発言力を封じた。こうした覇者ならではの威圧的な側面もある。中下級豪族層に対して、どんな懐柔や威圧を加えたかは不明である。いずれにせよ、当座は旧朝廷の官人たちをそのまま自らの官僚機構に据えざるをえなかった。だから、天智三年の冠位制にも一切手を付けていない。

官人登用制度の創設

しかし、天武は手を拱《こまね》いていたわけではない。将来の新しい官人群の創出に向けて、着実な手を打っていた。乱後一〇か月にも満たない天武二年（六七三）五月に打ち出した出身法《しゅっしんほう》（官人登用のための法）がそれだ。畿内の全豪族層を対象とする法である。

「今後出身する（官人となる）者はまず大舎人《おおとねり》として出仕せよ。その後、その才能に応じた官職に就ける」

現時点では、旧朝廷の古い官人たちの再起用はやむをえない。ならばと、天武はこれからキャリアを積もうとする若い人々に目を向けた。彼らを新しい官人群として養成する。そういう戦略をとったのだ。古今東西、革命政権は若い世代の教育に熱心だ。天武は一定期間、若い豪族の子弟たちを大舎人として身辺に置き、身辺警護と官人見習いの任に就かせ、将来にわたって彼の手足となって奉仕する官人群を養成しようという戦略である。

この戦略をとるに際して、天武が着目した古来の官職、それはトネリだった。なぜトネリか。壬申の乱での体験があったからだ。壬申の乱は、かねて近江の帝都から大和国吉野《よしの》に落ちのびていた大海人皇子が、兄帝天智の死後、対立する朝廷側の動向をうかがいつつ、機敏に反乱の兵を挙げたことに端を発する。

しかし、挙兵といっても実際にはたかだか二〇名ほどの手勢である。対する朝廷側の軍勢は圧倒的に優勢。文字通り、多勢に無勢で太刀打《たちう》ちできない。そこで大海人は、吉野からいったん東国に抜ける作戦をとった。途中各地で地方豪族たちの協力を得て軍勢を整えようとしたのだ。この作戦は奏功した。勢力はみるみる膨れ上がり、最後は圧倒的に優勢な反乱軍が近江大津京に殺到して凱歌《がいか》をあげた。

ただ、それはあくまで結果である。挙兵した大海人はまさに乾坤一擲《けんこんいってき》、のるかそるかの大勝負に打って出たのだ。その大海人と最後まで命運を共にしたわずか二〇名ほどの手勢。そのほとんどが大海人に仕える若いトネリたちであった。彼らは劣勢下にあっても、主君の命に従って行軍、身を挺《てい》して戦った。天武（大海人）はこのトネリたちに律令官人のあるべき姿を見出したのだ。

かくして、天武は「大舎人」という官人登用制度を創設する。他の舎人（トネリ）と区別するために天皇との密接な関係を表す「大」の字をつけてはいるが、要するにトネリである。天皇の身近にトネリとして仕えさせ、これを忠良なる官人に育て、能力に応じた官職に就ける。大舎人は新官人群養成の培養器であった。

専制君主国家の官人はすべからくまずトネリとなるべし。天皇の身近でトネリとして仕えた者だけが官人となる慣例。それがここに開かれる。律令時代に官人を表す和語として「トネ」があったが、これはトネリのことで、この天武朝に由来する。

さて、先の出身法によれば、畿内の豪族は上下を問わず、みな最初は大舎人を経験する。その後、「能力に応じた官職に就く」と謳《うた》っているが、これを能力主義の登用ととるのは早計だ。のちの律令法でも、一見能力主義を思わせる言葉が出てくる。しかし、詔や条文が当然のこととしてあえてふれていない大事な条件がある。それは、出身氏族の門地《もんち》である。ありていに言えば、上級豪族と中下級豪族とでは官人としての地位・待遇が違うのである。両者はおのおの別の官人社会に棲息《せいそく》するといってもよい。上級豪族が現代のキャリア、中小豪族が同じくノン・キャリアといったところか。現代は能力主義だが、古代は能力以前にまず門地、つまり家柄・氏育ちなのである。

上級豪族はやがて「小錦下《しょうきん》」以上の冠位に昇って官庁幹部、つまり上級官人となることが約束されているが、これは官人全体の中でごく少数にすぎない。一方、中下級豪族はどんなに能力が高くても冠位は「大山上《だいせん》」止まり、生涯下級官人として実務を担当する。むろん、朝廷内で圧倒的多数を占めるのはこの下級官人の方だ。だから、天武の打ち出した出身法は、実質的には下級官人群の形成を促す法であった。

考選法の布告

そして実際、天武による下級官人群の形成は意図的だった。先の出身法より五年後の天武七年(六七八)、今度は官人の勤務評定と昇進のための法(考選法《こうせんほう》)を布告する。

「すべての官人は、公平にして精勤した者の優劣を各官庁で評価し、昇進させるべき冠位の階数を定め、正月上旬には法官に文書で報告せよ。法官はそれを校定し、その結果を大弁官《たいべんかん》（太政官事務局《だいじょうかん》）に提出せよ」

この考選法は毎年の考（勤務評定）が毎年の選（昇進）に結びつく方式だ。毎年昇進することも可能である。のちの律令法で六考（六年）、その修正法で四考（四年）の選限《せんげん》（所定の勤務評定年限）を設けているのにくらべると、はるかに昇進機会の多い方式である。

ところが、実際には、上級官人たちはこの方式の恩恵を実際にはほとんど受けていない。一方、下級官人たちはその恩恵を大いに享受したのである。この方式の昇進促進機能は、下級官人に向けて効果的に発揮されたのだ。

天武二年（六七三）の出身法以後、子飼いの下級官人群が徐々に育ってくる。天武は毎年の冠位昇進機会をインセンティブとして、その下級官人群を有能な実務者集団に精練しようとした。下級官人群の形成と有能集団化。自ら推し進める専制政治の基盤を固めようとしたのだ。

ただし、下級官人の昇進を促進したといっても、「大山上」を超えることは一切認めなかった。下級官人はあくまで下級官人。「小錦下」以上の上級官人たちとは世界を異にした。どんなに有能であっても、その一線を越えることはできなかった。

それは天武が推進した考選（勤務評定と冠位昇進）の運用基準にも表れている。天武十一年（六八二）八月の考選法。天武はそこで、評定の対象として精査すべきは「族姓《ぞくせい》と景迹《けいじゃく》」であると明言した。「景迹」とは官人としての行状・業績、「族姓」とは要するに、出身氏族の地位、門地・氏育ちである。大豪族の出身か、中下級豪族の出身かが問われるというのだ。しかも、この考選法では「いかに行状や能力が優れていても、出身氏族の地位が定かでない場合は、考選の対象にすらしない」と言っている。まず求められるのは官人個人の行状や能力ではない。出身氏族の地位なのだ。八世紀以後においては、五位以上の上級官人と六位以下の下級官人は、おのおのまったく異なる世界を構成することになる。その直接の淵源《えんげん》は天武朝にあったのだ。

天武十四年冠位の施行

さて、天武による下級官人群形成の意図はさらに後年、天武十四年（六八五）に施行された新冠位制にも色濃く表れている。この冠位制は一般官人については、全部で四八階という史上最多の階数が目をひく。それまでの天智三年冠位制は二六階、後継の大宝令位階制（七〇一年）は三〇階にすぎない。前後との脈絡を欠いた、異様に拡張された階数なのである。

ところが、よく見てみると、不自然なのは下級冠位（勤大壱《ごんだい》以下）の方だけなのだ。その三二階は天智三年の下級冠位一四階（大山上以下）の実に倍以上である。上級冠位（一六階）の方は漸増といってよい。一六年後、この天武十四年冠位制から大宝令位階制に切り替わったときも、下級冠位は一挙半減したのに対し、上級冠位は二階の微減にとどまった。

下級冠位を一挙に倍増（以上）、やがて一挙に半減。この激しい増減は何を意味するか。天武七年の考選法では下級官人たちの昇進促進を図った。その結果、現行の冠位制では昇進させるべき下級冠位は不足し、昇進が困難になってくる。そこで、天武は下級官人群の形成と維持を目的に、下級冠位を細かく刻んで、階数を倍以上に増やしたのだ。やがて、その目的が達成されると、多数の下級冠位は不要となる。一挙に半減させたのは天武の後継王権である。

それにしても、一挙半減とは荒っぽい。そんなことがどうして可能だったのか。下級官人が冠位（位階）をあまりありがたがらない、そういう人々だったからだ。当初は冠位十二階の対象にもならなかった。その後も守旧的で、冠位を受けることを望まない中下級豪族たちであった。これは古代の下級官人を理解する上でたいへん重要なポイントである。

一方、上級官人はどうだったか。彼らが天武七年考選法の恩恵をほとんど受けなかったことはすでに述べた。実はその後も総じて冠位の昇進を抑制されたのだ。彼らは下級官人と違って、冠位（位階）の昇進をたいへんありがたがる人々だったのだが、それを抑制されたのだ。

天武の昇進の抑制は意図的だった。不用意に直広弐《じきこう》（大錦下）以上に昇進させるとどうなるか。せっかく封印した議政官組織の復活に道を開くことになる。推古朝にマヘツキミたちが徳冠（冠位十二階）を与えられて以降、議政官組織は長く特定の高位にある者が構成した。その特定の高い冠位は議政官のための冠位。七〇年にも及ぶ数次の冠位制の下で、そういう慣例が出来上がっていた。それは天武のような専制君主でも無視できなかったのだ。

かくして、天武朝では上級官人（上級豪族層）は国政幹部としての発言力を封じられたまま個々の官庁の長官・次官級に配置され、他方、下級官人（中下級豪族層）は冠位昇進を促進されて、かつての伴造から名実ともに分厚い実務官人群へと転成してゆく。

なお、この天武十四年（六八五）の冠位制が創設されたころには、官職と位階（冠位）の対応関係を定めた官位相当制も設定されていたらしい。たとえば、のちの大宝令では、大納言（大臣に次ぐ官）は正三位《しょうさんみ》相当、陰陽允《おんみょうのじょう》（陰陽寮《おんみょうりょう》第三等官）は従七位上《じゅしちいのじょう》相当とされた。多様な官職が位階という統一的な基準で等級づけられる。その制がすでに天武朝末年には、より緩やかな対応関係で設定されていた。このように位階（冠位）と官職によって序列化される存在、それが律令官人である。

本書に登場する八、九世紀の律令官人は、この天武朝に創出された官人たちそのもの、あるいはそれを継ぐ者たちである。

3　律令官人の世界

浄御原考仕令と持統四年法

天武亡き後、夫の王権を継いだ持統《じとう》天皇の三年（六八九）、浄御原令が施行された。令は行政法だから、官人の勤務評定・昇進関連の法規集も含まれる。その法規集を考仕令《こうしりょう》という。天武朝に創出された律令官人たちも、この浄御原考仕令による統制を受けた。

今日、浄御原令はまったく残っていない。だから、その考仕令も不詳だが、官人たちの選限は依然として一年だった。そして、その一年の勤務内容について評定を行い、「善《ぜん》」（官僚としての徳目にかなった者のポイント）、「最《さい》」（個々の職務を適切に行った者のポイント）という官人個人の業績に加え、やはり「氏姓の大小」（門地）をも勘案して、授位・昇進を行う規定だった。

翌持統四年（六九〇）四月、この考仕令の規定は大きく改正される。それは主に選限の拡張だ。冠位所有者は六年、未所有者は七年となった。かつては、毎年昇進の機会があった。急遽《きゅうきょ》下級官人群を形成しようと天武がとった措置だったが、今やその必要はなくなったということだ。授位・昇進はもうゆっくりでいい。最初に七年間勤務しないと冠位授与の機会はなく、授与されてさらに六年間勤務しないと昇進の機会もない。そのように改めた。

しかも、ただ選限を満たせばよいというわけではない。官人たちは選限中の上日数《じょうじつ》（勤務日数）によって九ランク（上上～下下）に分けられ、その中で上位四ランクに入った者だけが評定対象者となる。これらの浄御原考仕令と持統四年改正法は、大宝元年（七〇一）に施行された大宝令の規定（考仕令・選任令《せんにんりょう》）にかなり近づいている。

大宝考仕令でも、中央の主要な官人たちの選限は六年である。彼らを九ランクに分けることも同じだが、それを毎年の評定として行う点が違う。その評定は、年間最低二四〇日の上日数をクリアした者につき、当人の善・最を積算し、「氏姓大小」や行状を勘案しつつ、九ランク（上上～下下）の考で出すものだ。この考を選限分積み上げた六考の総合評価によって、授位・昇進が決まるのである。

大宝考仕令では六考すべて中中ではじめて一階の授位・昇進となる。一方、すべて中下以下なら授位・昇進はなし。また、六考の中に上上とか上下など最上級の評価があっても、他の年度に下下とか下中という最下級の評価があれば、相殺されてしまう。なかなか緻密《ちみつ》な、というより緻密すぎる評価制度となっている。

改正法の制度設計

浄御原考仕令・持統四年改正法がどの程度緻密だったかはわからない。ただ、興味深いのは、改正法では選限中の上日数を勤務評定のための単なる要件ではなく、細かく九段階にも分けて評価している点だ。

その評定の結果、中上以上はみな勤務評定の対象とし、一方、中中以下はすべて対象とはしない。だとすれば、こんな九段階もの評価区分は必要だったのか。不審に思われるが、必要だったのだ。上位四ランクはその評価を勤務評定や授位・昇進にも反映させる。そう考えるのが自然である。問題は下位五ランクである。勤務評定の対象から除外するだけではない。その欠勤の程度によっては、現在の冠位の降格、官人身分の剝奪《はくだつ》といった不利益処分を科す。そのための細かい評価区分。そういう制度設計だったのではないか。

この上日数の九段階評価は持統四年（六九〇）の改正法で打ち出されたが、そこに当時の官人たちの勤勉とは言えない実態が垣間見《かいまみ》える。天武が急ピッチで進めた下級官人を中心とする律令官人群の形成はひとまずその事業を終えた。しかし、所詮《しょせん》は急ごしらえの官人群である。彼らがみな怠けず真面目《まじめ》に出勤するなどと期待するのは間違いだ。そもそも、そんな勤勉を当然とするようなバックグラウンドは当時の日本にはない。

それでもまだ、天武の生前はよかった。大舎人として身近に仕えて抱いた覇者への畏怖《いふ》。それが彼らに精勤を強いたことだろう。しかし、天武の死後はそのようなプレッシャーから解放される。覇者亡き後の律令国家は、七世紀末以降、欠勤する律令官人たちといかに向き合うか。先の制度設計をはじめ、何かと頭を痛めることになったのである。

その個々の事例については第二章以下で述べるとして、ここではもう少し律令官人について説明しておこう。七世紀末の持統朝には、先の勤務評定制度、授位・昇進制度のほかにもいくつか重要な制度が整備された。

位記の使用

一つは位記《いき》である。位記とは冠位を与える際に被授与者に発行する辞令のことだ。持統三年(六八九)の浄御原令によって定められた。それまでは冠位とは文字通り冠によって表される位のことであり、官人には冠という現物が与えられてきた。冠位を証明するものは冠そのものだった。その冠の現物授与を廃止し、以後は紙の辞令を手渡すことにしたのだ。冠位が即物的な性格を薄め、抽象的な序列として自立した結果である。

たとえば、冠位十二階。「徳・仁・礼・信・義・智」の六つの徳目がこの順に並ぶが、この順に並んだ理由は不明だ。しかし、それが何であれ、これらが序列であるためには、冠そのものに優劣をつけるしかない。「徳冠」は見るからに最高級の豪華な冠、「智冠」は一見して最下級の簡素な冠というように。つまり、冠位は冠という現物を通してはじめて序列を表す。本来、冠位とはそういうものであった。

ところが、冠位も変遷を重ねるうちに進化する。天武十四年（六八五）の冠位。「正《しょう》・直《じき》・勤《ごん》・務《む》・追《つい》・進《しん》」の六字がこの順に並ぶ。この順は必然だ。かなり進化している。すでにお気づきの読者もいるだろう。「正しく直《なお》しく勤《いそ》しく務めよ。されば追って（位を）進めよう」。律令官人群の形成に心を砕いたいかにも天武らしいメッセージだ。全官人に唱道させようとしたスローガンかもしれない。こういうメッセージ（スローガン）が必要な時代だったのだ。

天武はそのメッセージを冠位の名称に取り込み、「大」・「広」に分け、歴代の冠位の中で初めて「壱《いち》」「弐《に》」「参《さん》」「肆《し》」の数字（大字）を使用した。これも大きな進化だ。序列を表すのに数字ほどわかりやすいものはない。冠位が冠の位を離れて、抽象的な序列として自立したということだ。冠という現物にこだわる必要はなくなる。文書行政の進展とも相まって、持統三年（六八九）、位記という一通の文書で冠位授与を伝えることにしたのだ。

この位記はその後、大宝令の位階授与でも引き継がれる。大宝令の位階は、「一位」から「八位」までは数字（小字）を使用して一貫した序列を表す（最下位は「初位《そい》」）。中国の官品《かんぴん》（一～九品）を模倣したものだが、日本の冠位制のもっとも進化した姿でもある。奈良・平安時代はもとより、知らない人も多いが、実は現在も使われている。国への功績があった故人、たとえば兵役に就いた人々への叙位に際してである。そして、それを伝える位記もまた、現在なお現役である。

朝服の制定

さて、持統朝の律令官人制度をもう一つ挙げよう。朝服《ちょうふく》である。官人たちが朝廷に出勤して着用する制服のことだ。その朝服の上着にあたる袍《ほう》の色は天武十四年（六八五）、新しい冠位の創設に合わせ、正冠、直冠など八階からなる冠位群ごとに定められていた。冠を廃止して位記を与えることにしたのは、すでにこの袍の色で序列が視覚化されていたからでもある。その袍の色が持統四年（六九〇）に改正される。皇族たちの袍もあるが、ここでは一般官人たちについて紹介しよう。

正冠の袍の色は赤紫、以下直冠は緋《ひ》、勤冠は深緑《こきみどり》、務冠は浅緑《あさきみどり》、追冠は深縹《こきはなだ》（縹は紺色）、進冠は浅縹《あさきはなだ》である。この次に袍の色を定めたのは、大宝元年（七〇一）施行の大宝令である。一位が深紫《こきむらさき》、二位・三位が浅紫《あさきむらさき》、四位が深緋《こきひ》、五位が浅緋《あさきひ》、六位が深緑、七位が浅緑、八位が深縹、初位が浅縹となっている。

大宝令の位階と天武十四年冠位との対応関係は明快だ。一～三位は正冠、四位・五位は直冠、六位・七位・八位・初位は勤冠・務冠・追冠・進冠とぴたり一致する。結局、大宝令が定める律令官人の袍の色は、持統四年（六九〇）のものをほぼそのまま引き継いでいるのである。

大宝令ではほかに、黒の羅《ら》（五位以上）または縵《まん》（六位以下）の頭巾《ときん》を被り、白の袴《こ》（はかま）、白の襪《しとうず》（足袋《たび》状の履物）、黒の履《くつ》をはき、金銀装飾（五位以上）または黒漆塗り装飾（六位以下）の腰帯《ようたい》（ベルト）を締める。おそらくこれらについても、袍の色とともに、持統四年（六九〇）四月には定まっていただろう。律令官人のビジュアルは天武十四年（六八五）を起点としつつ、この時期には定型がほぼ出来上がったようだ。

その朝服を「今後は自宅で着用し、早朝宮の門が開く前に出勤せよ」という詔で命じたのも持統四年だ。この当時の宮とは、天武が営んだ飛鳥浄御原宮。その宮の門が開くのは朝の六時半である。宮の門が開く前に出勤することは、これも大宝令に引き継がれた。

興味深いのは、わざわざ「今後は朝服を自宅で着用」と指示していることだ。それまではいったいどこで着用していたのか。おそらく宮門の前だろう。そこで私服から一式持参した朝服に着替えていたのだ。霜が降りて凍えるような日もあったはず。それでも自宅ではなく、宮門の前で朝服に着替えさせた。官人としての自覚と矜持《きょうじ》を植え付けるためか。

しかし、それは覇者で専制君主だった天武にしてはじめてできることだ。官人たちも従わざるをえなかった。天武の死後はそれが緩む。宮門前で着替えるのは面倒だ。自宅から朝服を着てやって来る者が出てくる。そうなれば、我も我もとなるのは自然の勢い。ついに持統も現状を追認せざるをえなくなった。

持統には夫帝ほどのカリスマ性はない。専制君主としての威風も天武には及ばない。だから、夫が用心深く封じてきた議政官組織も復活する。大豪族層と妥協し、彼らの協力を得ながらの国政。時に天武の覇者としての施策を修正する必要もあった。

もっとも、夥《おびただ》しい数の官人たちが早朝の宮門の前で、やおら私服を脱いで朝服に着替える。異様なだけではない。物理的にも無理になっていたはずだ。自宅着用は、これも現実的で合理的な判断だった。以後、これが恒例となる。

かくして、天武朝に形成された律令官人は、持統朝には八、九世紀の律令官人とほぼ同じ姿で朝廷に出仕し、同様の勤務評定を受け、冠位の授与を位記で伝えられた。大宝元年(七〇一)に施行された大宝令の下では、位階の数が大幅に減少したり、勤務評定が毎年の考を積み上げて総合する方式に変わった。しかし、根本的な変化ではない。

天武が即位二年目に導入した大舎人の制も大宝令に発展的に引き継がれた。導入当初とはくらべものにならないほど官人数が激増していたから、天武創設の大舎人は内舎人《うどねり》(内も天皇との密接な関係を示す)と名称を変えて五位以上(上級官人)の子・孫限定となり、六位以下(中下級官人)の子のために改めて「大舎人」という官人見習い集団を創設した。

蔭位の制で貴族を再生産

むろん、大宝令で初めて採用された制度もある。重要なものとしては蔭位《おんい》の制だ。五位以上の子や三位以上の孫たちが、特権として、最初から高い位階を与えられる制度のことだ。彼らは三〇階の位階の最下位（少初位下《しょうそい》）からスタートする必要はない。

たとえば、父が従五位下で本人がその嫡子の場合、従八位上からのスタートとなる。庶子なら従八位下。また、父が正一位の場合は、嫡子従五位下、庶子正六位上、祖父が従一位の場合、嫡孫正六位上、庶孫正六位下である。

官僚	嫡子	庶子	嫡孫	庶孫
従五位	従八位上	従八位下		
正五位	正八位下	従八位上		
従四位	従七位上	従七位下		
正四位	正七位下	従七位上		
三位	従六位上	従六位下	従六位下	正七位上
二位	正六位下	従六位上	従六位上	従六位下
一位	従五位下	正六位上	正六位上	正六位下

図表6　蔭位

対して、六位以下の子や孫たちにはそのような特権はない。ごく一部の秀才は大学（中央の官吏養成機関）に入り卒業試験に及第すれば、位階を授与される。それでも正八位上が最高だ。それ以外の圧倒的大多数は、最下位の少初位下からスタートする。その時点で五位以上の子や孫たちとは少なくとも四階以上の差がついてしまうのである。

五位以上の子や孫といっても、最初から五位（従五位下）を与えられる人はごく稀だ。しかし、六〜八位を蔭位として与えられれば、早死にでもしない限りは、やがて従五位下に叙爵される。それがあらかじめ約束された人々なのである。律令国家においては、五位以上が貴族だから、貴族に生まれついた者は、ゆくゆくは自分も貴族となる。

一方、六位以下の非貴族に生まれついた者は最下位（少初位下）スタートというハンデを負うだけではない。有能で長年にわたって好業績を上げ続けたとしても、昇進は正六位上止まり。その先、つまり五位には上がれないのだ。たとえば、非貴族出身で正六位上を帯びる者が、殊功《しゅこう》を上げる場合がある。行賞は一般には位階の昇進。だが、この場合、昇進はさせない。どうするか。本人ではなく、その子供（成人）を昇進させるのだ。これを廻授《かいじゅ》という。非貴族は何があっても貴族にはしない。実に徹底しているのである。

このように、貴族（五位以上）と非貴族（六位以下）はその世界がはっきり分かれる。かつて天武は、天智三年冠位では、「小錦下」以上と「大山上」以下を峻別《しゅんべつ》し、ついで自ら創設した天武十四年冠位では、「直広肆」以上と「勤大壱」以下を峻別した。それがそのまま大宝令の位階にも引き継がれる。畿内の大豪族は五位以上の貴族・上級官人、中下級豪族は六位以下の非貴族・下級官人となる。そして、互いに没交渉の別の世界に住まうのである。

蔭位とは、五位以上の子・孫たちを速やかに五位以上に到達させるための制度だ。いわば、貴族の再生産装置である。上級官人と下級官人を恒久的に分断する仕組みともいえる。上級官人たちはまことにありがたい特権を手にしていた。

下級官人の特権

では、下級官人には何の特権もなかったかといえば、とんでもない。一般庶民（白丁《はくてい》）からすればまことに羨ましい特権を享受していたのだ。まずは何といっても、一般成年男子に課された調《ちょう》・庸《よう》・雑徭《ぞうよう》といった税の免除である（一部の官人は調を負担）。もう一つ、犯罪・過失で罪に問われた場合、減刑・換刑（実刑を罰金刑へ）の救済措置があった。初位は官職に就いていることが条件となるが、八位以上は無官でもいい。さらに、七位以上は当人だけではなく、その父母・妻子にも適用された。

下級官人の世界も、白丁にとっては別世界である。そして、この別世界も再生産されたのだ。六位以下（初位を除く）の嫡子を位子《いし》という。位子には、すべてではないが、大舎人や兵衛《ひょうえ》、使部《つかいべ》といった官人見習いや下使いの官職が用意されていた。また官職に就けなくても式部省や兵部省《ひょうぶしょう》にプールされ、折々のパート勤務で考選を受けることもできた。

下級官人（非貴族）の子に生まれた者は、自分も下級官人となれる特権があったのだ。五位以上の官人の子・孫は蔭子孫《おんしそん》といい、蔭子孫と位子は、あわせてのちに入色《にゅうしき》と呼ばれるようになる。生来官人になれる特権を持つ者たちだ。この入色と白丁とは雲泥の差。もっとも、白丁から下級官人になる道もあるにはあったが、ごく一部に限られた。実は奈良時代の早い時期から、白丁が入色人と偽って下級官人の世界にもぐり込もうとする動きも出てくる。それも無理はないのである。

さて、蔭位から律令官人の二つの世界へと話を進めてきた。五位以上（上級官人）の世界と六位以下（下級官人）の世界。すでに述べたように、この二つの世界はまったく別の世界である。最後に、そのことを位階と官職という二つの序列を使って説明しておこう。

六位以下の世界

左は天平《てんぴょう》十七年（七四五）当時の縫殿寮《ぬいとのりょう》という、ある縫製担当官庁の四等官《しとうかん》構成である（括弧内は官名と相当位）。

長　官（頭《かみ》・従五位下）	従五位下	河内王《かわちおう》
次　官（助《すけ》・従六位上）	不	詳
判《はん》　官《がん》（允《じょう》・従七位上）	正七位上	当麻真人《たいまのまひと》（某）
上級主典《さかん》（大属・従八位下）	正七位下	三野臣枚田《みののおみひらた》

下級主典（少属・大初位上）　正七位上　枚野子人《ひらののこひと》

上級主典の三野枚田と下級主典の枚野子人。上司と部下である。ところが位階を見ると、部下の方が上司より一階高い。つまり、二人は官職の序列と位階の序列が逆転しているのだ。それだけではない。子人の位階は枚田よりさらに上席の判官当麻某と肩を並べているのだ。

実はこのように上司と部下の間で位階が逆転したり、同列で並ぶといった事例は六位以下官人の場合、少しも珍しいことではない。位階の上ではこちらが上位または同列であるのに、官職の上では向こうが上司。士気に影響しないか思わず心配になるが、これこそが六位以下の世界なのだ。六位以下官人は位階の高下への執着が総じて薄いのである。

この六位以下の下級官人たちとは、冠位十二階以来、もともと冠位を授かることに消極的だった中下級豪族の末裔である。律令官人に編成された今、位階を授かることは先に述べたような特権享受の条件となるから、さすがに消極的では済まされない。しかし、位階の昇進に血道を上げることもない。いくら頑張ってみたところで、たかだか正六位上止まり。貴族の仲間入りはもとよりできない。かといって、少しずつでも位階が上がるメリットもない。

給与で説明しよう。六位以下官人が就く官職は常勤の長上官《ちょうじょうかん》（職事官《しきじかん》ともいう）か非常勤でローテーション（番）を組んで勤務する番上官《ばんじょうかん》（分番官《ぶんばんかん》・雑任《ぞうにん》ともいう）のどちらかだ。長上官は四等官（長官・次官・判官・主典）など官庁の中軸的官職をさし、官位相当制の対象となる。一方、番上官は史生《ししょう》・使部・伴部《ばんぶ》など四等官の下にあって、さまざまな下働きを担う官職。官位相当制の埒外《らちがい》にある。長上官と番上官とでは、むろん長上官の方が断然格上だ。

さて、給与である。長上官の給与は季禄《きろく》だ。年二回支給される。絁《あしぎぬ》・綿・布の繊維製品と鍬《くわ》の現物給付。全国からの調を財源とする。一方、番上官には一部を除き給与はない。ひとし並みに与えられたのは、毎月の食料（月料）と調庸免除の特権だけだ。その食料・特権だけでも白丁には垂涎《すいぜん》の的だが、長上官と番上官とでは、給与面でかくも差がある。

ところが、六位以下の場合、かりに長上官であったとしても、位階の昇進は給与の増加に直結しないのだ。というのも、季禄は官職の相当位に応じて支給額が決まるからだ。当人の持っている位階とは一切関係ない。たとえば、先ほどの縫殿寮少属枚野子人は、位階こそ上司の大属三野枚田を凌《しの》ぐが、少属の相当位は大属のそれを下回るから、季禄の受給額も枚田には及ばない。同様に、允当麻（某）にも位階では並んでも、季禄の額はむろん彼に及ばない。

ただ、原理的には位階の昇進によって、より高い官職に就き、季禄の額が増えることになる。位階の昇進は間接的に実利につながるはずだ。ところが、現実にはそうはならない。

もう一度枚野子人を見てみよう。位階は正七位上まで昇進しているのに、官職は大初位上相当だ。官位相当制は一応の目安である。厳密に機能したわけではない。だがこれを見ると、目安どころではない。ほとんど機能不全となっている。子人の上司枚田も同じだ。位階は正七位下なのに、官職は従八位下相当。位階と官職がまったく釣り合っていない。どうしてこんなことになるのか。簡単だ。時代とともに下級官人は増える。どんどん増えて厖大《ぼうだい》な数となるが、官職はほとんど増えない。だから、位階の昇進が官職の昇進につながらないのだ。

結局、六位以下は官職の序列が物を言う世界なのだ。長上官か番上官か。長上官なら、相当位が高いか低いか。この世界では位階の高低はほとんど意味がない。やがて五位以上に昇ってゆく一部の貴族出身者を除き、位階の昇進をありがたがるような人々はいないのである。

五位以上の世界

それでは、五位以上の世界はどうか。むろん、彼らもまた官職序列の下にある。五位以上の官職はすべて長上官。番上官はない。だから、官職に就いた者には季禄がある。季禄の多《た》寡《か》は官職の序列によるから、彼らがより高い官職を求めるのは当然である。しかし、五位以上には、その位階に応じて支給される給与があるのだ。

大宝令によれば、三位以上には封戸《ふこ》（位封《いふ》）、四位・五位に禄物《ろくもつ》（位禄《いろく》）が与えられる。封戸は指定された戸が国家に納める租《そ》の半分、調・庸の全額を収入として与えるもの。たとえば、従三位の封戸は一〇〇戸。この一〇〇戸から毎年租の半分、およそ稲二〇〇〇束《そく》が届けられる。これは白米につけば米俵一〇〇俵分に相当する。このほかに調も庸も一〇〇戸分である。従三位という位階を持っているだけで、こんなにも莫大《ばくだい》な収入が保証されているのだ。

また、たとえば従五位下の位禄。絁《あしぎぬ》四疋《ひき》・綿四屯《とん》・布二九端《たん》・庸布一八〇常《じょう》が毎年支給される。単純な比較はできないが、従五位下相当官職の季禄（絁四疋・綿四屯・布一〇端・鍬二〇口）一回分だ。従五位下の位階というだけで、かくも潤沢な収入が約束されているのである。

むろん、これらは官僚としての給与ではない。五位以上の貴族という身分に対して与えられる給与だ。そして、この給与は位階の昇進と直接リンクして増加する。だから、五位以上はその五位以上の位階を持っていることが決定的に重要な人々なのである。

それによって、位封・位禄が支給されるだけではない。官職も緩やかではあるが位階と対応関係があった。たとえば、大臣・大納言・大宰帥《だざいのそち》は三位以上、中納言・参議・八省長官（卿《きょう》）・左右弁官長官（大弁《たいべん》）は四位、一般官庁の長官や八省の次官は五位というように。つまり、五位には五位の官職、四位には四位の官職、三位以上には三位以上の官職と、位階区分を基準とした大まかな対応関係があった。このような位階区分と官職との対応関係は六位以下の世界にはない特徴だ。五位以上は位階の高低が重視される位階序列の世界なのだ。

むろん、官職も重要だ。季禄も支給されるし、特定の高官には職封《しきふ》という封戸も支給される。しかし、まずは位階なのだ。五位以上の官職はすべて長上官である。養老《ようろう》三年（七一九）、朝服着用に際して五位以上は象牙《ぞうげ》の笏《しゃく》（牙笏《げしゃく》）、六位以下は木の笏（木笏《もくしゃく》）を持って威儀を正すこととした。笏は長上官のステータス・シンボルだ。ところが、このとき五位以上の牙笏は散位《さんい》にも許されたのである。散位とは、位階はあるが無官の者をさす。つまり、五位以上はたとえ長上官でなくても、長上官と同じく牙笏を手にできる人々なのだ。彼らにとって、官職を持つことは一義的に重要ではないのだ。

位階は天皇からの距離か

さて、古代史研究者はよく「位階は天皇からの距離を示す」などとわかったようなことを言う。観念的にはその通りだが、実際の律令官人たちはどうだったか。五位以上にはその距離感はあっただろう。若年には内舎人として天皇の身近に仕え、長じて天皇出御の儀式に出席する際は位階の序列に従って整列する。おおむね一五〇人前後の五位以上官人たちは、自分の位階が昇進するにつれ、物理的に天皇に近づいていく。その距離感を実感したはずだ。

しかし、六位以下官人にそんな距離感はない。その大半は番上官。儀式に参列することもない。多くは生涯、天皇の姿を目にすることもない人々だ。一方、長上官は儀式に参列する。

居並ぶのは五位以上官人たちの後方。天皇の姿はそれとわかるか、わからないくらい。はるか前方だ。彼らにとって天皇はあまりに遠い。位階が昇進しても、天皇に近づいていく実感はほとんど持てなかっただろう。

それでも、六位以下官人たちは、はるかな天皇を畏怖し、敬服し、進んで忠良の官僚たろうと職務に励んだのだろうか。いや、六位以下だけではない。天皇に近い五位以上官人にしても、忠良の官僚ぶりが当然のように想像されるが、はたして本当にそうだったか。いよいよ彼らの実態に迫る時が来たようだ。

第二章　儀式を無断欠席する官人

1　天皇への賀正の儀式に出ない

平安時代初期の元日朝賀儀

弘仁《こうにん》七年（八一六）五月のこと。式部省から国政審議機関である太政官に対して、一通の要望書が提出され認められた。年頭、平安宮《へいあんきゅう》での元日朝賀儀（天皇への賀正の儀式）に無断欠席した者への制裁をめぐってである。そこには驚くべき実態が語られている。

・かつて延暦《えんりゃく》二十一年（八〇二）の勅命により、「朝賀儀に無断欠席した者のうち、五位以上官人については、正月の三節《さんせつ》の出席禁止という制裁を科す」こととなった。

・そもそも、君主に仕える道は、位の高い者も低い者もすべて同じ。だから、官人の過怠を罰することもみな同じであるべきだ。

・ところが、現在、朝賀儀の無断欠席については、五位以上だけを罰して、六位以下は罰していない。そのため、日が暮れるころになっても、六位以下は誰も集まらず、引率して整列させようにもできないありさまである。

・今後は無断欠席した六位以下官人は、春夏の季禄（毎年二月支給）を没収する制裁を科していただきたい。

・無断欠席の怠業を正せば、朝廷の儀式は整然と行われるようになり、国家の法も地に堕《お》ちずに済むだろう。

すでにふれたが、朝賀儀は正月元旦《がんたん》に大極殿という朝廷の正殿に出御した天皇に臣下一同が拝礼・拝舞して新年をお祝いする重要儀式である。その年頭の重要儀式に官人たちが出てこない。むろん、出席は任意ではなく、果たすべき職務である。にもかかわらず、無断欠席する者がおおぜいいるというのだ。

それも昨日今日の話ではない。この要望書が出される一四年前には、すでにこのことは問題となっていた。おそらくそれ以前から、そういう状況が慢性的にあったのだろう。ともあれ、一四年前には、無断欠席した者のうち、五位以上には制裁を科すことにした。正月三節の出席禁止である。

これはどういう制裁か。正月三節とは、元日節会《がんじつのせちえ》（元日）・白馬節会《あおうまのせちえ》（七日）・踏歌節会《とうかのせちえ》

（十六日）の三つの節会のこと。いずれも豊楽院《ぶらくいん》のような公的な宴会施設や宮中で天皇が主催して開かれる宴会だ。会の終わりには、出席者に節禄《せつろく》が支給される。天皇からの賜物《たまもの》である。

この節禄はいわば引き出物である。だが、官人たちにとっては、位階や官職にともなう給与とは別の、賞与ともいうべきありがたい給付であった。正月三節への出席禁止は三回分の節禄を受給させないという経済的制裁を意味するのである。

しかし、厚かましい官人たちもいたものだ。三節のうち、元日節会は朝堂院での朝賀儀に続いて豊楽院で行われる。むろん、朝賀儀出席者への直会《なおらい》である。気の張るイベントが無事終わった後の宴会である。では、制裁として、この元日節会への出席をわざわざ禁止しているのはなぜか。

午前中の朝賀の儀式に無断で欠席したら、夕刻の宴会の方もそのまま欠席する。褒められたことではないが、それならまだ筋が通る。ところが、儀式には無断欠席しておきながら、宴会の方には平然と出席して、ちゃっかり節禄をせしめる。そんな鉄面皮がおおぜいいたということだ。しかも、五位以上の貴族にである。

厚かましい官人たちも官人たちだが、そういう彼らを統制・管理すべき太政官・式部省といった政府当局も当局だ。実は朝賀儀のような重要儀式では、必ず点呼して出欠を取る。そこで無断欠席者を把握できるのだ。にもかかわらず、儀式には出ずに宴会の方だけ顔を出した不心得者を咎《とが》めようともしない。ばかりか、天皇恩賜《おんし》の節禄をご丁寧にも頒給《はんきゅう》していたのだ。そのまことに緩い対応には驚きを通り越して呆《あき》れてしまう。

呆れるのは、それだけではない。延暦二十一年（八〇二）には、無断欠席者のうち、五位以上については、制裁を科すこととした。しかし、六位以下については、何の制裁を科すこともなく、無断欠席をそのまま放置してきたのである。こういう無断欠席状態は延暦二十一年以前からあったと見てよいから、政府は六位以下については、かなり長期にわたって目をつぶってきたことになる。どうしてこんなにも緩いのか。

緩いといえば、まだほかにもある。朝賀儀は本来、早朝から午前中にかけて行われる儀式だ。それなのに、集まりの悪い六位以下官人たちを待ち続けて、とうとう日が暮れたという。なんとも悠長な話ではないか。しかも、それでも彼らは姿を見せなかったのである。

儀式は君臣関係確認の場か

古代史研究者はよく、専制君主国家の儀式は「君臣関係を確認する場」などと言う。何を隠そう、筆者もそう書いたことがある。なんとなくわかったような気になるから不思議だ。イメージとしては、専制君主の威容を仰望しながら、その忠良なる臣下たちが自分の立ち位置を確認させられるといったところか。おそらく機能主義的な説明としては間違ってはいない。

しかし、現実には君臣関係を確認するどころではない。当の官人たちが出てこないのだ。出席は臣下としての職務だから、これは立派なサボタージュ（職務放棄）である。ところが、政府の方も、首に縄をつけてでも引っ張ってこようという気はさらさらない。ひたすら待つのみだ。とても君臣関係を確認させようと本気で考えていたとは思えない。

現代に置き換えてみよう。たとえば、正月の一般参賀。多くの人々が日の丸の小旗を手に皇居に参集する。誰に強要されたわけでもない。天皇陛下や皇族がたの姿を一目仰いで晴れがましく新年を祝賀したい。多くはそんな崇敬の念からだ。

一方、朝賀儀をサボタージュした官人たちはどうか。現代日本の多くの人々が抱く素朴な崇敬の念すらない。かといって、サボっても罰せられるわけではないから、天皇への畏怖もない。天皇を崇敬も畏怖もせず、儀式を平然とサボる官人たち。その官人たちを甲斐《かい》なくひたすら待ち続けるだけの、まことに寛容な政府。現実の朝賀儀は「君臣関係確認の場」などといえるような代物ではなかったのである。

それにしても、拝礼を受ける側の天皇の気持ちは、いかばかりであったか。早朝より大極殿に出御するも、参集しているのは五位以上の貴族だけだ。六位以下の官人たちは数えるほど。本来は五位以上の何倍もの数で、朝廷《ちょうてい》後方を埋め尽くすほどいるはずなのに。

元旦、夜が明けるとともに、いやでも目に飛び込んでくるその白々とした空虚な風景。古代日本の「専制君主」たちは、こんな大量のサボタージュに耐えねばならなかった。そう思うと、私は心底同情する。だが、実は歴代天皇にとって、それは程度の差こそあれ、いつに変わらぬ見慣れた風景だったのではないか。

それはさておき、弘仁七年(八一六)、政府は重い腰を上げ、六位以下の無断欠席にも制裁を科すことにした。儀式そのものが危ぶまれる深刻な事態に立ち至ったのだろう。さすがに、そのまま放置というわけにはいくまい。無断欠席には季禄(春夏分)の没収で報いる。六位以下官人(長上官)にとって季禄は唯一の給与。だから、半年分とはいえ、没収はたしかに痛い。

これで五位以上は三節の出席禁止(節禄不受給)、六位以下は季禄の没収と無断欠席者には残らず経済的制裁を科すことになった。どうやら、一応の効果もあったようだ。これまで普通にもらえたものがもらえなくなる。背に腹は代えられぬということか。

しかし、今度は別の困った問題が浮上してくるのである。その問題は第四章で詳しく説明しよう。どうも当時の官人たちは、晴れがましくも厳粛な朝賀儀を支え、天皇の忠良なる臣下として粛々と務めを果たそうとなどという殊勝な人々ではなかったようだ。

朝賀儀に出席を求められたのは、中央にいる五位以上官人と同じく六位以下の長上官である。律令官人のまさに中核部分だ。その彼らが堂々と無断欠席し、経済的制裁を科されてしぶしぶ儀式に出るようになる。しかも、出てからも政府を困らせる。にわかに信じられないという読者もいるだろう。だが、これが現実なのだ。

律令体制の弛緩か

しかし、読者の中にはこう考える人もいるだろう。それは平安時代に入り、律令体制が弛緩することによって初めて生じてきた問題だろう。当初はきちんとやっていたのではないか――。何事も経年劣化ということはある。この朝賀儀も無断欠席の状況が年々悪化してきたという面はむろんあるだろう。

だが、それでは、律令国家の草創期には、官人たちがみな一人残らずきちんと出席し、儀式が滞りなく行われていたのだろうか。研究者も含めて、私たちは漠然とそう考えがちだ。しかし、一歩踏み込んで考えてみると、これは根拠に欠けた希望的観測である。最初はうまくいっていたはずだ、という思い込みにすぎない。官人たちがみな怠けることなくこぞって出席し、整然と一糸乱れぬ拝礼と拝舞を行う。そのようにさせる文化や社会規範は、七世紀末から八世紀初めの律令国家草創期にはまだ存在していない。そんな時代に完璧《かんぺき》な朝賀儀が行われたと期待する方が無理であろう。

朝賀儀は平安時代に入っていきなり官人たちの無断欠席が始まったのではない。鍵《かぎ》を握るのは六位以下官人だ。延暦二十一年（八〇二）、政府は五位以上の無断欠席だけに制裁を科すことにして、六位以下についてはまったく咎めなかった。不可思議な措置である。しかし、これは六位以下については、すでに無断欠席が常態となっていて、政府もこの儀式への全員出席までは求めていなかった。そう考えれば合点がいく。

朝賀儀が挙行される朝庭は本来、五位以上のための空間だった。だから、朝賀儀は五位以上が全員出席し、六位以下は儀式の威儀が損なわれない程度に出席していればよい。それが慣例ではなかったか。

ところが、六位以下だけではなく、肝心の五位以上の無断欠席も目立つようになった。そこで彼らに制裁を科して出席を強要しはじめる。ただし、六位以下の方はまだ咎めるには及ばなかったので、そのまま放置を続けた。しかし、その後、六位以下の無断欠席が無視できないほどに増加。儀式の威儀を損なうどころか、儀式そのものが危うい状況となった。そこで、ようやく六位以下への制裁に踏み切ったのである。

この間の経緯は以上のように読み解くべきだ。だから、歴代天皇にとって、儀式の場での官人たちのサボタージュは、程度の差こそあれ、実は見慣れた風景だったのではないか。筆者はそう想像するのである。

2　御前での任官儀式に出ない

奈良時代後期の任官儀

官人たちが天皇臨席の晴れがましい儀式に出てこない。本来出るべき儀式をサボタージュする。政府も儀式の形さえ整えば、あえて全員の出席を強要しない。こういう官人たちの無断欠席や政府の緩い対応はなにも朝賀儀に限ったことではない。時代を少し遡《さかのぼ》らせて、奈良時代後半の任官儀《にんかんぎ》に焦点を当ててみよう。これまた、たいへん興味深い実態が浮かび上がってくる。とくに、政府の対応は一驚に値する。

神護景雲《じんごけいうん》二年（七六八）十一月十三日、平城宮《へいじょうきゅう》内の内裏《だいり》正殿に称徳《しょうとく》女帝（一度退位した孝謙《こうけん》天皇が重祚）の臨席を仰ぎ、南庭で任官儀が行われた。任官儀とは、除目《じもく》（公卿による選考会議）の結果を任官予定者に直接告げる儀式だ。式部省と兵部省という人事官庁の担当官が選考会議の大臣から除目簿《じもくぼ》を受け取り、儀場に参集した任官予定者の名を官名をつけて一人ずつ呼ぶ（召名《めしな》という）。呼ばれた者はこれに「オウ」と答えて（称唯《いしょう》という）列立《れつりつ》し拝舞するのである。

この任官儀で扱うのは朝廷のすべての官職ではない。勅任官と奏任官という二種類の上級官職だけである。前者は天皇の勅意によって任命する官職、後者は太政官が天皇の認可を得て任命する官職のことだ。実は中央・地方の主要な官職は、すべてこの勅任官と奏任官（ともに長上官）である。

もっとも、どちらも実際には太政官や式部・兵部両省が候補者を選定し、天皇の人事関与はほとんど形式的だ。それでも、官人たちにとって、これらの官職に就くことは天皇の勅命や同意を経たものであり、しかも、その任官儀は天皇の面前で行われるのである。忠良の臣下にとっては、まことに晴れがましく、栄誉なことであったはずだ。

ところが、奈良時代後半のこの時期、現実には任官予定者が大挙して無断欠席するありさまだったのである。『続日本紀』によると、この日、藤原楓麻呂《かえでまろ》が右大弁（勅任官）に任命されたのをはじめ、合わせて一九名の五位以上官人が勅任官または奏任官に任命された。

具体的な任官記事はそこまでである。しかし、実際には、その五位以上の何倍もの数のおぜいの六位以下官人たちが奏任官に任命されたはずだ。『続日本紀』などの国史では、六位以下の叙位・任官記事は省かれるのが通例である。

さて、その六位以下任官の事実を拾い上げた上で、さらに『続日本紀』を読み進めると、この日、任官予定者は「多く庭《てい》に会せず」であったという。「庭」とは任官儀が行われた内裏正殿南庭をさす。つまり、任官予定者の多くが南庭に集まらなかった。任官儀への無断欠席者が多数に上ったというのである。しかも、称徳天皇の臨席を仰いでいる。にもかかわらず、この体《てい》たらくであった。

称徳は女帝だが武の君主である。果敢に闘いを仕掛けて敵対する権臣藤原仲麻呂《なかまろ》（恵美押勝《えみのおしかつ》）を駆逐し、実力で再び皇位についた。彼女を「空前絶後の専制君主」とまで評価する研究者もいる（吉川真司説）。筆者はその最大級の評価は天武天皇にこそ捧ぐべきだと思うが、それにしても、彼女が法王道鏡《どうきょう》とともに強権を手にしたことは間違いない。その称徳が臨席し、ひょっとしたら道鏡も陪席していたかもしれない。

そのような儀場に、官人たちが多数無断で欠席したのだ。これもサボタージュである。五位以上もいただろうが、数からいえば、おそらくその大半は六位以下だっただろう。天皇が臨席する儀式におおぜいの官人たちが無断で欠席する。この状況は1節で紹介した平安初期の朝賀儀とまったく同じだ。むろん、この任官儀も任官予定者の自由参加ではない。この儀式に出席してはじめて正式に任官が決定する。出席は必須《ひっす》のはずだ。

ここでまた、現代に置き換えてみよう。たとえば、皇居で天皇陛下から勲章が授与される親授式。むろん、こちらは強要ではない。しかし、体調不良やその他やむをえない理由で出席できない場合を除き、ほとんどの受章者は出席する。ましてや無断欠席など皆無である。

戦後左翼運動の指導者だった高名なマルクス経済学者でさえ、嬉々《きき》として宮中に参殿したものだ。皮肉で言うのではない。現代の大方の日本人にとって、宮中での受章はそれほど晴れがましく栄誉であるということだ。

ところが、古代の官人たちは違う。任官予定者として当然出席すべき儀式に、大挙して無断欠席する人々なのだ。出席して、天皇の面前で任官を告げてもらうことに、晴れがましさも栄誉も感じない人々なのである。加えて、天皇への畏怖もない。現代の私たちにとっては大きな驚きだ。

「代返」で儀式成立

しかし、真に驚くべきはこの無断欠席ではない。これに対する政府の対応なのである。任官儀は先に述べたように、召名で呼ばれた勅任・奏任の任官予定者が一人ずつ称唯《いしょう》し列立・拝舞する儀式である。それを当人が無断で欠席などしたら、当然のことだが、称唯も列立・拝舞も行われない。無断欠席が多ければ、儀式そのものが成立しなくなる。

そこで、政府はとんでもない便法を編み出す。それは「代返《だいへん》」である。この任官儀の進行役は式部・兵部両省の省掌《しょうしょう》という番上官。その省掌が欠席者に代わって返事（称唯）をする。実際には無断欠席しているのだが、省掌が代理で称唯することにより、任官予定者は出席したものとみなす。これで形式は整い、任官儀はめでたく成立したことにするというのだ。

若い読者は「代返」といってもピンと来ないかもしれない。授業で教師が出欠をとる際、欠席した生徒の代わりに、誰かが返事をしてこっそり出席にしてしまうことである。昔はよく使われた、あまり品行方正とは言いがたい言葉だ。今はさすがに死語だろう。

だが、なかなか意味深長な言葉だ。この「代返」は生徒が教師を欺《あざむ》く行為。だとすれば、代理称唯は官人が天皇を欺く行為だからだ。ただ、違いもある。「代返」は声音もまねるなど、こっそりそれと知られずに欺くのだが、代理称唯は天皇の面前で公然と欺く。むろん、天皇は知っていて、欺かれるふりをするだけだ。それにしても、官僚が公然と君主を欺いて儀式の成立を優先させる。実に珍妙な専制君主国家ではないか。

常態化する「代返」

ともあれ、政府はこのとき、任官予定者の無断欠席を「代返」という禁じ手のような便法で乗り切った。しかし、この便法はこのときだけの特例ではなかった。『続日本紀』は「代返」する省掌に「始めて把笏《はしゃく》を賜う」と記している。これは省掌が笏を持つことを称徳女帝が「始めて」認めたということ。笏は長上官のステータス・シンボル。番上官の省掌に持たせて長上官に見立てる。欠席した任官予定者はすでに長上官だったり、長上官となる者である。「代返」する省掌も長上官でなければならない。嘘《うそ》に嘘を重ねる弥縫策《びほうさく》。それを天皇まで巻き込んで講じたわけだが、これが以後通例となったのだ。「始めて」とはその含みである。

実際、平安時代に入って制定された『弘仁式』や『延喜式《えんぎしき》』といった法制書は、この任官儀について、「欠席者がいた場合は省掌が代わって称唯《いしょう》せよ」と「代返」を明記している。任官予定者の無断欠席はその後も続いたとみえる。これが平安時代中期になると、まったく任官予定者の出席しない形骸化《けいがいか》した儀式となる。

神護景雲二年（七六八）の任官儀で、官人たちは多くが無断欠席した。これ以前から無断欠席は珍しくなかったはずだ。不審に思う読者もいるだろう。無断欠席して不利益を被るのは官人たちの方。任官儀に無断欠席したら、そのことを咎めて任官を取り消せばよいではないか。ところが、政府の対応は逆だ。任官を取り消すどころではない。無断欠席をなかったことにして、任官手続きを成立させてしまう。これはどうしてなのか。

実はそもそも除目簿が作成され天皇に奏覧された時点で、任官者は最終的に確定していたと言われている（西本昌弘説）。任官儀にたとえ欠席しても、それで任官が取り消されるようなことはない。もともと実効性のあるものではなかったというのだ。ただ、筆者は、実効性はないとしても、任官儀を行う意味は本来あったと思う。この儀式は、官人が畏《かしこ》まり「任官命令をありがたくお受けします」との意思を天皇に所作で伝えるもので、これをもって任官手続きがすべて完了するのである。

ところが、官人たちの多くが出てこない。その分、任官手続きは未了のままとなる。政府としては、なんとか任官儀挙行とともに全官人の任官手続完了に漕《こ》ぎつけたかった。そこで「代返」という奥の手を使って、任官予定者欠席のまま、儀式を滞りなく終えてしまう。それが神護景雲二年の政府の対応だった。

官人たちの任官拒否

では、官人たちはなぜ無断欠席したのか。わざわざ儀式に出向くのが億劫《おっくう》だったから。従来はそれが大半だっただろう。ただ、筆者は神護景雲二年（七六八）については、もう少し積極的な意味合いがあったと思う。それは任官拒否である。彼らのサボタージュには、その意思表示もあったのではないか。任官儀に出席して天皇に「任官命令を受ける」と伝えるつもりはない、と。

欠席者の人数がごくわずかであれば、政府も単なるサボタージュとして処理できる。儀式の大勢に影響を及ぼすことはない。しかし、神護景雲二年のように、おおぜいの官人たちが無断欠席し、儀式の挙行に影響を及ぼすとなると話は別だ。任官拒否を伝える意図的なサボタージュであることが強く印象付けられるからだ。

この年の政府の対応は、その任官拒否への回答である。おおぜいが大挙して無断欠席しても、すべて「代返」で任官命令を受けたことにしてしまう。狡猾《こうかつ》だが穏便に任官拒否をかわしたのである。「無断欠席しても無駄」という政府側のメッセージだ。

そして、こうした官人たちの任官拒否と政府側の対応との延長線上に、次のような新しい規定が生まれることになる。その成立時は不明だが、おそらく神護景雲二年以後だろう。のちに『延喜式』の中に収められる規定である。

「任官儀において、任官予定者がその儀場に来ているにもかかわらず、召名で呼ばれても、あえて称唯《いしょう》・列立しなかった場合は、出席とはみなさない」

儀式には出るが、呼ばれても意図的に応じない。どういうことか、もうおわかりだろう。あえて「任官命令を受ける」という意思表示をしない。つまり、任官拒否ということだ。無断欠席による任官拒否が神護景雲二年の「代返」導入によって無意味化したのち、新手の不満表明法として登場したようだ。

任官儀では当日、前もって担当者が下名《おりな》（任官予定者リスト）で出欠のチェックを行う。そこで欠席とわかれば、召名の際は省掌が「代返」して、儀式の進行を妨げない。欠席者の任官手続きもこれで完了する。

しかし、出欠チェックで出席を確認した官人については、儀場には来ているのだから、召名の際、省掌は当然「代返」しない。当人が当然称唯するはずだからだ。ところが、その当人がウンともスンとも言わない。「任官は不満」という新たな意思表示。むろん、儀式はそこで止まる。先の規定は、そういう事態への対処として、称唯しなかった当人を欠席扱いとする。政府としても、無断欠席は黙認しても、不満表明までは容認できない。ここは逆に出席しなかったことにして、ひとまず任官拒否を回避しようというのである。

回避したのち、どうするのか。先の規定には続きがある。

「そのまま一二〇日を経て、なお任官拒否を続けた者は、その名を式部省（または兵部省）が書きとめて、太政官に報告せよ。ただし、特別な事情がある場合はこの限りではない」

任官拒否を撤回して、任官命令を受け容《い》れるまで、一二〇日間は待つというのだ。任官を拒否したからといって、ただちに処罰するわけではない。一二〇日経《た》ってもなお撤回しなければ、ようやくなにがしかの制裁を科す。これまたなんと悠長な話ではないか。

ちなみに、一二〇日という日数はどこから出てきたか。前章でもふれたが、長上官の場合、勤務評定を受けるためには、年間二四〇日以上の上日《じょうじつ》が必要である。逆にいうと、年間一二〇日以上欠勤すれば、その年度の勤務評定は受けられない。一二〇日間任官拒否を続けるということは、その官職に就く意思がまったくないことを証明することになるのだ。

旧仲麻呂派のサボタージュ

曲がりなりにも専制君主国家において、君主からの任官命令を拒否する官人たちがいる。それだけでも驚きである。だが、それを強権的に撤回させたり、ただちに処罰することなく、儀式への欠席を「代返」で乗り切ろうとしたり、出席を「欠席扱い」にして長期の猶予を与えてでも翻意させようとする。政府の寛容にすぎる対応には、ほとほと恐れ入る。

それにつけても、神護景雲二年(七六八)の大量の無断欠席(任官拒否)はどうして起こったか。称徳女帝が藤原仲麻呂を武力で駆逐して即位(重祚)した天皇だったことによる。仲麻呂政権崩壊後、称徳・道鏡政権は官僚機構の旧仲麻呂派を粛清。しかし、彼らは官僚機構に深く根を張っていた。新政権下でもかなりとどまっただろう。その旧仲麻呂派が任官(異動)を不服として行ったサボタージュ。筆者はそう推理している。

ただ、いずれにせよ、官人の無断欠席はそれ以前からあっただろう。無断で欠席しても、政府は強権的な対応をとらない。それはとうに見透かされているのだ。政権奪取で強権を手にした称徳と道鏡にしても、任官拒否によって任命権者としての面子《メンツ》を潰《つぶ》されているのに、実に鷹揚《おうよう》なものである。

もし、官人たちがみなこの任官儀に出席し、型通り称唯《いしょう》・列立・拝舞していたなら、この儀式こそ「君臣関係を確認する場」の好例だった。しかし、現実はすでに述べた通り、多くの官人たちが堂々とサボタージュした。政府の対応はといえば、あまりに緩慢。そして、頽《たい》廃的《はいてき》ともいえるほどの形式主義。結局は、この任官儀も「君臣関係を確認する場」などではなかったのである。

3　位階昇進などの儀式に出ない

奈良時代初期の列見

これまで、平安時代初めの朝賀儀、奈良時代後半の任官儀を取り上げ、無断欠席する律令官人たちについて、その実態を紹介してきた。ここでは、さらにもう少し時代を遡って、奈良時代初めの列見《れけん》と考唱《こうしょう》を取り上げよう。どちらも官人の位階昇進に関係する儀式だ。

まずは列見について。列見は毎年二月、六位以下の成選人《じょうせんにん》を対象に行われる。成選人とは選限（所定の勤務評定年限）を満了し（成選という）、これから総合評定により、位階の昇進が見込まれる人々、昇進候補者のことだ。その成選人たちが式部・兵部両省の担当者に引率されて太政官に至り、おのおの官位とともに姓名を呼ばれて（引唱《いんしょう》という）称唯《いしょう》・列立し、大臣以下の点検を受ける儀式だ。精勤して位階昇進が確実視される官人たちに対し、大臣以下がその功を労《ねぎら》う意味もあっただろう。

国政の最高幹部たちが居並ぶ中での列見。六位以下官人（長上官）たちにとって、さぞや晴れがましく、身の引き締まるような場であったはず。現代の私たちならそう思う。しかし、奈良時代の初めの官人たちにとっては、必ずしもそうではなかったようだ。神亀《じんき》三年（七二六）二月、この列見について、新しい法令が施行された。前段と後段に分かれるが、その前段ではこうなっている。

「太政官の列見において、引唱の際、成選人が無断で欠席した場合は、翌日引唱し、ここでも欠席の場合は、その翌日引唱し、さらにここでも欠席の場合は、もはやこれ以上引唱しない」

六位以下の成選人たちが列見に無断欠席した場合、翌日ないし翌々日に太政官に出向いて引唱に応じよ、という内容である。列見当日に欠席しても、さらにその翌日再び欠席しても、そのサボタージュはまったく咎めない。ばかりか、実に大臣以下のお歴々は列見当日の無断欠席者、あるいはその翌日にも続けて欠席した者の追加の列見のため、二日間にわたって待機するのである。これまた悠長な話ではないか。

無断欠席者への制裁

では、都合三日間の引唱に結局応じなかった成選人はどうなるのか。先の法令の後段はそのような成選人への制裁規定となっている。

a　選限を満了した年度の考（勤務評定）が「上等」の場合は、その考を「中等」に下げて、昇進の階数を決定する。

b　選限を満了した年度の考が「中等」の場合は、本来ならば新しい選限に属する現行の年度の考を旧選限内に繰り入れ、その考が「上等」ならば、これを「中等」に下げて昇進の階数を決定する（昇進は一年遅れる）。

c　bで繰り入れられた考が「中等」の場合は、その考を取り消し、再度その時点での現行の年度の考を選限内に繰り入れ、その考が「上等」ならば、これを「中等」に下げて昇進の階数を決定する（昇進はさらに一年遅れる）。

d　cで繰り入れられた考が再び「中等」の場合は、これまでの一切の考をすべて取り消す（旧選限内での昇進資格は剝奪）。

ここでいう「上等」とは九等評価の「中上」、「中等」とは同じく「中中」のことだ。実際、官人たちの考はほとんど「中中」または「中上」だった。

右の制裁のポイントは、最新の考に「上等」を要求することである。無断欠席という過怠をまずは「中上（以上）」に値する勤勉で償わせようという発想だ。そうした上で、昇進階数を減じたり、昇進を一年二年遅らせたり、最悪の場合、昇進資格を剝奪する。これを見る限り、政府の対応にはなかなか厳しいものがあったように思える。

しかし、そもそもこの制裁は無断欠席を三度重ねた者に限って発動されるものだ。そのことを忘れてはいけない。むろん、咎めるなら、列見当日の無断欠席から咎めるべきだ。ところが、この儀式に正当な理由もなく欠席しても、これを咎めない。ばかりか、さらに二日間の猶予を与える寛容ぶりである。

この寛容な対応にもかかわらず、結局欠席を通した官人には、たしかに制裁が科される。しかし、その制裁も子細に見ると、実はさほど厳しいわけではない。選限が満了する年度の考は、多くの場合、「中上」か「中中」だ。もし、「中上」なら「中中」に下がるが、これによる不利益は昇進が一階分減るだけだ。また、もし「中中」でも、従来より少し頑張って精勤すれば、当初の昇進が一年ないし二年遅れるだけ。不利益は被るが、その程度のペナルティーにすぎない。

さて、神亀三年（七二六）には、ともかくも新たに列見についての法令が施行された。それまでの列見に、六位以下の成選人たちによる無断欠席がたびたび発生していたからである。先の法令はその由々しき事態に対応するために講じた方策だったのである。

逆にいうと、それまでは無断欠席者に対して、何の制裁も科してこなかったのだ。この列見は六位以下官人（長上官）たちが成選した年の翌年二月に行われる。彼らの選限は大宝令では六年。大宝元年（七〇一）八月から翌年七月までを初年度として始まった。

だが、選限五年目途中の慶雲《けいうん》三年（七〇六）二月、格《きゃく》（修正法）によって選限が六年から四年に短縮。この年の七月、変則ではあるが、選限五年をもって成選とし、翌年二月に列見を行った。以後、慶雲三年八月から四年の新選限が始まり、神亀三年二月までにすでに四回の列見が行われたことになる。

律令官人の人事システムが本格始動した大宝元年から数えると、列見の実施はすでに五回に及ぶ。その間、無断欠席があっても、政府はこれを咎めなかったのだ。咎めずに、なぜか欠席者の位階昇進の手続きは完了し、めでたく昇進の運びとなる。政府の対応は信じられないほど、緩くて寛容だった。いきおい官人たちの無断欠席は増える一方。その年の七月にまた成選を迎えるという段になって、翌年二月の列見を見据え、それまでの由々しき事態をなんとか防ごうとして発出したのが先の法令だったのである。

奈良時代初期の考唱

ところが、奈良時代の初め、そのような由々しき事態はなにも列見に限ったことではなかった。実は考唱にも似たような事態が発生していたのである。

考唱は、毎年二月、式部省（兵部省）で行う勤務評定のための儀式。官庁ごとに、六位以下官人の名を呼び、称唯《いしょう》・直立した当人に対して、長上官には上日数（勤務日数）と善・最（評価ポイント）を、番上官には上日数と行事を直接告げる（これも引唱という）儀式だ。勤務評定の不可欠の手続きとして、官人たちは必ずこの考唱の儀に出席しなければならなかった。

しかし、すでに養老二年（七一八）までには、六位以下官人たちがこの儀式に無断欠席するようになっていた。養老二年といえば、あの列見の法令を施行する八年前。この年十月に施行された法令にはこうある。

「毎年の六位以下に対する考唱儀には、必ず本人が出席しなければならない。もし、無断で欠席し、引唱に対して称唯・直立しなかった場合、当年の考を破棄する」

当時、実際に六位以下の無断欠席が横行し、政府は何らかの対応を迫られていたことがわかる。

六位以下の官人たちにとって、上日数と善・最または行事を告げられるということは、当年の考（勤務評定）を宣告されるに等しい。彼らは毎年の考の積み重ねによって位階の昇進が決まり、それによって官職の昇進も決まる。その意味で、考唱は個々の官人自身が重大な関心や期待を持って臨む場であったはずと、私たちは思うが、彼らはそうでもなかったようだ。

それより、関心があろうとなかろうと、六位以下官人たちは、この儀式に出席して引唱を受け、型通り称唯・直立して毎年の勤務評定を完了させる、官人としての義務を負う人々だった。だから、これを無断で欠席することなど、当然許される行為ではない。第一、そんなことをすれば、自分の勤務評定手続きが完了せず、ひいては位階の昇進も遅れてしまうではないか。六位以下官人の位階昇進への関心がいかに薄かったとしても、不利益であることには違いない。大丈夫なのか。心配の一つもしたくなる。

政府の寛容な対応

ところが、驚くべきことに、養老二年（七一八）までは、そんな心配は無用だったようだ。養老二年の法令を見ると、このとき初めて無断欠席者は「当年の考を破棄する」と謳っているからだ。これで最低一年間は昇進が遅れることになる。だが、逆にいうと、それまでは無断欠席者に対して、このような制裁を科していなかったのである。おそらく、制裁など何も科すことなく、見過してきたのだ。

もう何度も言ってきたが、政府の対応はここでも緩くて寛容である。強制的に出席させるわけでもない。各官庁の六位以下の官人たちは、後顧の憂いなく、毎年堂々とサボタージュを繰り返すことができたということだ。しかも、初めて制裁を科した養老二年の法令には、わざわざ次のような救済規定も付けてある。

「もし無断欠席者が自ら訴え出て、その欠席理由が合理的であった場合は、式部省（兵部省）の最終チェックを終える前であれば、当年の考を認める」

つまり、無断欠席しても、それがやむをえない事情によるものであると本人が訴えてきた場合には、考は破棄しないというのだ。これは、運用次第では悪用されかねない規定である。実際どのように運用したかはわからない。しかし、政府の「無闇《むやみ》に制裁を科したくない」という「配慮」は伝わってくる。

さて、こうしてみると、すでに奈良時代の初めには、列見と考唱という、六位以下官人の位階昇進に関係する儀式に、まったく同根の由々しき事態が発生していたことがわかる。対応策をとったのは、考唱の方が八年早いが、列見も考唱と同じように、養老二年（七一八）以前から無断欠席が横行していたと考えるのが自然だ。

だとすれば、列見の方はなぜ対応が遅れたのか。養老二年以後、神亀三年（七二六）までには二度の列見が行われている。無断欠席に対し、考唱では制裁をもって臨みながら、列見では何の対応もとらなかった。その理由は定かではない。

ただ、もともと政府には、六位以下官人の無断欠席に対して厳しい対応で臨もうという強硬姿勢は見られない。少なくとも、それはたしかだ。厳罰に処すことはおろか、できれば制裁を科すことなく穏便に処理しようという姿勢が顕著なのだ。

その姿勢は、神亀三年になってようやく発出した列見の法令からもうかがえる。養老二年の考唱の法令とくらべてみると、列見の方が明らかに緩い。同じく六位以下官人による無断欠席だが、考唱の方はただちに制裁となるのに対し、列見は「二日間の猶予」を与えている。養老二年の法令を実施してきて、この法令が現実には厳しすぎたという反省があったのではないか。そこで、列見の場合は即時制裁ではなく、まずは猶予を与えて出席を促す方が得策と判断した。筆者はそう考えている。ともあれ、六位以下官人の無断欠席に対して制裁を科すことに慎重な政府の姿勢を読み取ることができる。

考唱の制裁緩和

実はその政府の慎重姿勢は、その後も強まりこそすれ、弱まることはなかった。その証拠に、平安時代になると、考唱も列見も、多少の違いはあれ、すでに十分寛容だった制裁規定を、より一層緩和してしまうのである。

考唱については、政府は延暦十九年（八〇〇）の法令で緩和に踏み切る。無断欠席の制裁は、それまで養老二年法によって「当年の考（勤務評定）の破棄」であったが、これを「考の引き下げ」へと改正した。人事担当官庁である式部省の要請を受けたものだ。

その式部省によれば「考唱の日の無断欠席というわずか一日の怠りによって、一年の労すべてが破棄されるのは制裁として厳しすぎる。一年間の勤務のことを思えば、考唱の無断欠席など大目に見るべきだ」というのだ。あたかも、考唱という儀式にさほど重要な意義を認めていないかのような口ぶりである。これまた一驚に値するが、人事担当官庁ならではの現場の事情もあったに違いない。養老二年法を遵守《じゅんしゅ》して考唱の無断欠席を理由にいちいち考を破棄していたら、おそらくは人事・評価に多大の停滞や混乱を引き起こしかねない。それほど、無断欠席が常態化していたのだろう。結局、養老二年法は考唱の無断欠席を防止できなかったのである。

延暦十九年(八〇〇)の改正法令は、そのような状況に対する現実的な対応策だった。この規定は天長《てんちょう》七年(八三〇)に施行された『弘仁式』の中にも引き継がれたが、そこではより具体的な以下のような細則が付け加わっている。

「考唱を始める前に、式部省では各官庁が提出した無断欠席者の名簿を主典《さかん》から次官に報告する。そのとき、無断欠席者の数は官庁ごとに全体の三分の一を超えてはならない。報告を受けた次官は、欠席者数がその基準を超えていない官庁について、考唱の開始を命じる。引唱は欠席者にも行い、所属官庁の主典が本人に代わって称唯《いしょう》する」

つまり、この細則は各官庁に所属する六位以下（長上官・番上官）の三分の一ほどが無断欠席する可能性を織り込んでいる。そして、その最大の場合でも、「代返」で形式だけは整えるというのである。平安時代の初めには、六位以下官人の三分の一近くが無断欠席する、そんな状態だったのだ。『弘仁式』では、その現状をある程度受け容れ、例によって「代返」で儀式を成立させることにした。

さて、右の細則にはまだ続きがある。無断欠席者への制裁についてだ。これは依然として「考の引き下げ」である。しかし、延暦十九年法とは少し異なる。ただちに科すのではない。列見のように、欠席後に「二日間の猶予」を与えるのである。考唱当日に欠席しても、翌日または翌々日までに式部省に出頭して引唱に応じれば、制裁を科さない。政府はさらにまた緩和したのだ。結局、考唱無断欠席者への制裁は、養老二年法から延暦十九年法を経て『弘仁式』に至るまでに、次第に緩和されていったのである。

列見の制裁緩和

制裁の緩和化。それは列見も同じだ。列見は神亀三年法で二日間の猶予期間を設けた上で、無断欠席者には最新の考（勤務評定）に「上等」を求め、これに達しない場合は選限を一年ないし二年延長して位階昇進を遅らせ、最悪の場合は成選資格を破棄して昇進機会を奪う。

この限りでは厳しい制裁だった。

ところが、この神亀三年法は、降《くだ》って平安時代前期の『弘仁式』では、次のように変貌《へんぼう》しているのである。

「成選人は、長上官は太政官で引唱し、番上官は式部省（兵部省）で引唱せよ。もし、当日を含め三日間の間に出頭しなかったら、階数を一階下げて昇進させよ」

猶予期間は変わっていない。しかし、その間に出頭しなかった欠席者に対する制裁は一律に「一階下げて昇進」となった。神亀三年法でも多くは「一階下げて昇進」だったが、『弘仁式』では、最新の考が「上等」であることを求めていない。だから、選限を一年ないし二年延長して昇進を遅らせることも、成選資格を破棄して昇進機会を奪うこともしない。

神亀三年法は、すでに述べたように、列見の無断欠席という過怠を勤勉で償わせるため、最新の考に「上等」を執拗《しつよう》に求めた。これは少し観念主義が勝ちすぎたところもあり、選限の延長、成選資格の破棄といった制裁措置は、実際には人事・評価作業の煩雑化をともなったはずだ。『弘仁式』は制裁を合理化して、より現実的な対応を図ったものであろう。ともあれ、それほどまでに無断欠席が常態化していたのだから、神亀三年法はさほど効果をあげていなかったようだ。

なお、神亀三年法では六位以下番上官についてはふれていないが、長上官同様、あるいはそれ以上に無断欠席が多かったのではないか。長上官に准じた対応をとっていたと考えてよいだろう。

4　律令官人は早くから無断欠席していた

六位以下官人の無断欠席

考唱も列見も、奈良時代の初めに定められた無断欠席者への制裁が、平安時代に入ると緩和されるに至る。もともと、さほど厳しいとはいえない制裁であったが、それをさらに一層緩めた格好だ。結局、当初の制裁には無断欠席を抑止する効果はなく、政府は現状の一部容認を含む一層現実的な対応をとったのである。

それは見方を変えると、考唱にせよ、列見にせよ、八、九世紀の律令時代を通して、六位以下官人が不断に無断欠席を繰り返していたということである。考唱の場合、平安時代初めにはその数全体の三分の一近くにまで達していたと思われるが、最初からそこまで多数の無断欠席があったかどうか。それはわからない。時代とともに多少増加する傾向はあっただろう。それでも、比較的早い時期から無断欠席が問題となっていたことは間違いない。

そのことはむろん、列見についても言える。そして、この二つの儀式がそうであるとすれば、平安初期に制裁を定めた朝賀儀ついても、また奈良時代後半に対策を講じた任官儀についても、数の多寡はあったにせよ、やはり比較的早い時期から無断欠席が横行していたと見てよい。

大宝元年の朝賀儀

本書の冒頭で筆者は、大宝元年（七〇一）の朝賀儀について、『続日本紀』が「文物の儀ここに備われり」と記していることを紹介した。しかし、この文章を額面通り受け取ってはいけない。

官撰史書である『続日本紀』が完成したのは、延暦十六年（七九七）。平安時代に入っている。当時朝賀儀での無断欠席は深刻な状況だったことはすでに述べた。六位以下についてはすでにかなり常態化していたと思われるし、五位以上もこの五年後には制裁を科すほどだった。『続日本紀』の編者たちは、そんな朝賀儀のたいへん残念な状況を毎年のように目の当たりにしていたのである。

その彼らにしてみれば、一〇〇年ほど前の大宝元年（七〇一）は記念すべき年だ。大宝という元号を建て、大宝令を施行し、新生律令国家の船出となった年である。その記念すべき年の初めに行われた朝賀儀を憧憬《しょうけい》と羨望《せんぼう》をもって理想化したとしても不思議ではない。

「文物の儀ここに備われり」は大宝元年当時の史料の文言ではない。あくまで編者の「こうであったはずだ、こうであってほしい」という希望的観測である。これまで見てきたようないくつかの儀式での状況から察すると、編者たちの評言とは裏腹に、すでにこの時の朝賀儀においても、無断欠席は少なからず見られたことだろう。官人たちが一同揃《そろ》って出席し、決められた所作通りに整然と動く。そんなことがどうして可能だろうか。

礼なき日本の下級官人

君主臨席の儀式に出て、その地位に応じた所作をとることは中国に学んだものだ。中国には礼という伝統的な社会規範があるから、それが可能なのだ。しかし、日本に体系的な礼はない。部分的には入ってきても、浸透はしていない。

たとえば、第四章でもふれるが、改新政府が中国式の立礼《りつれい》(立ったままお辞儀する礼)を導入して何十年も経《た》つのに、官人たちは相変わらず日本固有の跪礼《きれい》(跪《ひざまず》く礼)や匍匐礼《ほふくれい》(腹這《はらば》いになる礼)を改めようとしない。

同じ官人でも、五位以上の上級官人たち(貴族層)は舶来の書物で中国の文化や思想にふれる機会が多い。儒教的な君臣秩序や中国的な官僚機構についての知識を持っている分、律令官人としては先進的である。一方、六位以下の下級官人たちの多くはそのような機会を持たないから、いきおい守旧的なのである。

しかも、六位以下の大半は中下級豪族層の末裔だが、大宝律令に基づく新しい律令国家は、それまでよりさらに多くの実務官僚群を必要とした。そのため、中下級豪族層の末裔だけでは足らず、一般庶民の白丁《はくてい》からも官人を登用することが行われていた。この登用を所掌としていたのは式部省だ。その式部省が八世紀初頭、人事官庁としての実力に物を言わせて、かなり下級官人たちを粗製濫造《らんぞう》したフシがある。

このことが律令官人でありながら律令をまったく知らない官人を生み出すといった事態を招くのだが、詳しくは第四章で述べるとして、ここでは六位以下官人の中に粗製濫造された官人たちがかなり含まれていたことに注意しておきたい。六位以下には官人としての素養や倫理観に欠ける人々がいたということだ。

だから、六位以下官人に儀式は当然出席すべきものという規範意識が希薄だし、五位以上によって構成される政府幹部にも無断欠席を厳しく咎めて出席を強制しようという姿勢が見えないのだ。六位以下は五位以上とは異なり、そもそも律儀に儀式に出てくることを期待されていない人々であったのである。

それにしても、この朝賀儀や任官儀は、天皇臨席の下、その天皇に対して拝礼と拝舞を捧げ、あるいは天皇からの任官を拝命する儀式だ。忠良の臣下としては、専制君主に対する忠義を体現するまことに重要な儀式であった。

君臣観念希薄な六位以下

そういう儀式であるにもかかわらず、官人たちの中にはサボタージュする者が少なくなかった。とくに六位以下官人がそうだった。しかも、おそらくは当初からである。現代の私たちからすると、およそ信じられないことのように思われる。

しかし、考えてみれば、私たちの多くが抱く天皇に対する敬慕の思いは、実は近代以降のものだ。国民国家を統合する元首や戦後の象徴としての天皇に対する国民の思いである。そこには近代以前の素朴な尊皇の心情も受け継がれてはいる。だが、近代以降はそれまでとは違い、国家の教育やメディアの宣伝によって崇敬すべき天皇像が広く浸透している。そのような天皇像を国民各層の多くが意識的に、または無意識的に受け容れているのである。

ところが、古代においては、言うまでもなく国民なるものは存在しない。圧倒的に多くの人々は天皇の存在すら知らない。知っていたとしても、ほとんど意識することはなかっただろう。天皇の存在を知り、その存在を意識したごく少数の人々、それは官人である。さすがに官人たちは天皇と無関係というわけにはいかない。

しかし、同じ官人でも、五位以上と六位以下とでは、天皇との君臣関係に大きな違いがある。前章において、五位以上は自分の位階が昇進するにつれ儀場で物理的に天皇に近づいていく距離感があったが、六位以下にはそういう距離感がなかったと述べた。これを別の側面からいうと、五位以上は天皇からおのおのの名前で知られる官人たちであったが、六位以下はたとえ長上官であっても、天皇から無名の集団や員数としてだけ把握される官人たちであった。

五位以上は若年時に内舎人《うどねり》として天皇に近侍する経験もあり、また中国の典籍を通じて儒教的な君臣観念を学ぶ機会にも恵まれていた。その五位以上にくらべると、六位以下は天皇との君臣関係が希薄であり、過剰な君臣観念からも免れやすかった。彼らは天皇臨席の儀式だからといって、「万難を排してでも」と殊勝に畏まるようなことなどしない。ばかりか、他の儀式同様、出席は義務と承知の上で、政府の寛容な対応を幸い、堂々とサボタージュを繰り返したのである。

忠良たるべき五位以上

その点、天皇によって個々の名まで知られている五位以上官人は、忠良の臣下であることを身をもって示さねばならなかった。その意識は青年期の内舎人時代、天皇の親衛隊として仕える中で培われる。『万葉集』(巻六—九四九左注)に次のようなエピソードが伝わっている。

神亀四年（七二七）正月のある日のこと。にわかに雲行きが怪しくなって雨が降り、都の空に稲妻が走った。雷は今でも苦手な人が多いが、古代においては台風・地震などと並んでたいへん恐れられた。このような天変が発生したとき、天皇の身近に仕える侍従や内舎人は、何はおいても主上《しゅじょう》のもとに馳《は》せ参じなければならない。

ところが、そのとき侍従や内舎人を務めていた王や諸臣の子たちは、宮中を離れて不在だったのだ。どこにいたのか。はるか京外の春日野《かすがの》（奈良市）まで出かけ、みんなで仲良く打《だ》毬《きゅう》（いわば日本版のポロ）に興じていたのである。これを知った聖《しょう》武《む》天皇は「刑罰」として、彼らを授刀寮《じゅとうりょう》（聖武のために設置された衛府《えふ》）に閉じ込め、外出を禁じたという。

奈良時代の初め、若い侍従や内舎人たちがいともたやすく宮中を抜け出し、公然と球戯に興じる。それも驚きだが、職務を放棄した彼らに天皇が与えた「刑罰」が衛府に閉じ込めての禁足というのも興味深い。王公貴族の子弟に対する教育的懲戒《ちょうかい》だろう。このとき聖武自身も二十七歳。まだ若い天皇だが、親が子を躾《しつ》けるように、若い侍従や内舎人を忠良の臣下たるべく躾けたのである。

青年時代に内舎人を経験するということは、たとえばこのような体験を通じて、日々天皇との間に密接な君臣関係を築くということなのだ。やがて五位以上となり、名実ともに貴族となればなおのこと、忠良の臣下たらんと意識する人々なのである。天皇臨席の儀式を無断で欠席することは、当然憚《はばか》られたはずだ。彼らの出席状況は、六位以下にくらべると良好だったと想像がつく。

しかし、その五位以上でも、延暦二十一年（八〇二）以前には、朝賀儀を無断欠席するようになっていた。無断欠席して、節禄目当てに宴会（節会）の方だけは顔を出す横着者もいた。これには政府もさすがに制裁を科して事態の解決を図ったが、元はといえば、既述のように政府の対応自体が緩いのである。

内舎人経験を通じていかに忠君精神を涵養《かんよう》したとしても、なかなか徹底したものにはならない。それはそうだろう。天皇近侍の内舎人たちが勤務中に、打毬で遊ぼうとみんなで宮中を抜け出し京外まで出かける。ずいぶん大胆な職場放棄だが、やろうと思えばできたのだ。しかも、万一露見しても「衛府内での禁足」で済み、厳罰を食らう心配はない。

牧歌的ではあるが、律令国家は早い時期から官人統制の緩い国家であった。天皇臨席の儀式でも、五位以上のサボタージュが頻繁に見られるようになる。それは時間の問題だったのだ。君臣関係の希薄な六位以下だけではない。五位以上もまた、必ずしも徹底した君臣観念を強いられたわけではなかった。

給季禄儀をサボタージュ

さて、再三述べてきた通り、儀式は現実には君臣関係を確認するような場とはなっていなかった。官人たちが過剰な君臣観念に縛られていなかったからだ。しかし、それにしても腑《ふ》に落ちないことがある。サボタージュが不利益に直結しそうな場合でも、官人たちはかまわず無断欠席するのである。これはいったいどういうことか。

これまで取り上げた儀式でも、位階の昇進に結びつく手続きだった考唱や列見がそうであった。任官儀もそうである。もっとも、この場合は確信犯的に「任官拒否」の意思表示の意味合いもあったようだが、むろんすべてが確信犯ではない。

これらのように、サボタージュが自らの不利益に直結しそうという意味では、実は極めつきのような儀式がある。給季禄儀《きゅうきろくぎ》である。

これは文字通り、官人（長上官）の給与である季禄を支給するための儀式。二月（春秋禄）と八月（秋冬禄）の二回、宮中の大蔵省《おおくらしょう》の前で行われる。大宝元年（七〇一）以来連綿と行われてきたものだ。四位以上は免除されるが、五位以下は必ず本人が出向き、天皇からの恩賜である季禄を賜ることに拝礼・拝舞しなければならない。無断欠席しようものなら、弾正台《だんじょうだい》（官人の規律違反を摘発）に規律違反を厳しく問われる羽目になる。大宝元年に法令でそう定められているのだ。

今でこそ、勤め人の給与は銀行振込だが、昭和の昔は経理に直接受け取りに行ったものだ。行くのが面倒だ、なんて思いもしない。待ちに待った大事な給与。喜んで受け取りに行った。季禄も年に二度しかない大事な給与である。受け取りに行かない官人などいるわけがない。私たちはそう思うが、当時の政府は思わない。その証拠に、大宝元年の法令では、給季禄儀の無断欠席者、つまり季禄を自ら受け取りに来ない官人たちがいるだろうと想定している。にわかに信じがたいことだが、「もし受け取りに来なければ、弾正台の取り調べを受けることになるぞ」と釘《くぎ》を刺さねばならない現実があったということだ。

そして、なお驚くべきことに、実際に季禄を受け取りに来ない官人たちがいたのである。大宝元年の政府の想定は決して杞憂《きゆう》ではなかった。そのことは延暦十一年（七九二）やその後の法令でわかる（これらの法令は第五章で詳しく取り上げる）。

延暦十一年には、大宝元年の法令を「新弾例《しんだんれい》」として再度公布する。このたびは勅命による法令とした。季禄だけではなく位禄という給与についても、五位は大蔵省に出向けと定めている。この「新弾例」に違反すれば単なる規律違反では済まない。違勅罪を科される危険性がある。もっとも、その危険性は式部省の尽力で解消される。

それはともかく、延暦十一年の「新弾例」は、とくに五位で無断欠席する官人を意識し、それへの対応に本腰を入れているのだが、むろん六位以下にもそのような官人がいたはずだ。

むしろ、六位以下のサボタージュが先に横行し、それが五位にも及ぶようになって、政府は新たな対応に乗り出したのだろう。

このサボタージュがいつごろから見られるようになったか。それはわからない。ただ、大宝元年というかなり早い時期からその懸念はあった。「弾正台の取り調べ」という警告もむなしく、おそらくは六位以下を中心に、季禄を受け取りに来ないというサボタージュは早くから発生していたのではないか。

奇妙なサボタージュ

しかし、このサボタージュは実に奇妙なサボタージュだ。常識的に考えて、季禄を受け取りに行かなければ、不利益を被るのはほかでもない当人である。政府も「受け取りに来ない場合は、季禄を没収するぞ」と言えばよい。それで十分サボタージュを防ぐことができる。だとすると、ここが肝心なのだが、サボタージュしても、政府は季禄を没収するつもりは端《はな》からないのである。給季禄儀という儀式への出欠とは別に、季禄はちゃんと官人の懐に入る。それは保証しているのだ。その上で、「儀式には出よ」と言っているのである。実に鷹揚ではないか。

しかも、政府はまた、おそらく六位以下に儀式に出てこない連中もいるだろうと踏んでいる。その際は、当人を弾正台に呼んでお灸《きゅう》を据えればよい。それ以上は必要ない。そう判断しているのである。つまり、政府も全官人たちを強制的に出席させようとは意図していない。

この給季禄儀は天皇が臨席する儀式ではない。しかし、儀場では、天皇の「禄を賜う」との勅意が宣下され、出席した官人たちは拝礼・拝舞をもって応《こた》える。忠良なる臣下が君恩に感謝する、いかにも儒教的な君臣観念に基づく儀式である。そもそも年二回支給の季禄自体、中国(唐)の制度に倣《なら》って導入したものだ。

政府は、この君恩に感謝する儀式への出席を官人たちに求めた。わが律令国家が模範とした儒教的専制君主国家の君臣観念を官人たちに植え付けようとしたのだろう。そのような君臣観念を共有していたのは、五位以上の上級官人層、とりわけ政権の最高幹部クラスであった。この儀式への出席について四位以上が免除されているのは、彼らはその君臣観念を植え付ける側で、植え付けられる側ではなかったからだ。

しかし、植え付けるといってもさほどの強制力もない。緩やかなものだった。儀式に出席しなくても、弾正台に呼び出されて非礼との叱責《しっせき》を受けるだけ。しかも、実はそれすらも怪しかったと筆者は疑っている。そのことは第五章でふれるが、いずれにせよ、季禄はちゃんともらえる。それなら、もともと君臣関係の希薄な六位以下の中にサボタージュしようという者が出てきても不思議ではない。

大目に見られる六位以下

政府が本腰を入れるのは、君臣観念を共有するはずの五位が無断欠席するようになってからである。朝賀儀で、五位以上が無断欠席するようになって初めて制裁を科したのと軌を一にする。六位以下がサボタージュしても、概して大目に見るのである。

結局、六位以下の儀式へのサボタージュは一見不利益を被るように見えて、その実まったく被らないか、被ったとしても大きなダメージを受けない。実際には不利益に直結していないのだ。

季禄も昇進も任官も、それを得るために必要な儀式に出なかったからといって、たとえば笞刑《ちけい》（細い笞《むち》で打つ刑罰）・杖刑《じょうけい》（太い笞で打つ刑罰）あるいは解官《げかん》（解任）や官人身分剥奪といった厳罰を科されることはない。季禄はもらえるし、任官の決定も変わらない。昇進も当初より一階減るか、一、二年遅れる程度。もともと六位以下は五位以上ほどには位階昇進に執着しない人々だ。

彼らは大きな不利益を被らない。それはほかならぬ政府の方針によるものであった。六位以下はそういう政府の方針の下、比較的早い時期から、儀式への無断欠席を繰り返していたのだった。極論すれば、六位以下は儀式に出席することを期待されず、また強制されない人々であった。だからこそ、彼らはしたたかに堂々とサボタージュしたのである。

第三章　職務を放棄する官人

1　使者としての派遣を辞退する

天武七年の禁令

律令官人は六位以下を中心に、儀式をサボタージュ（職務放棄）しただけではない。当然遂行すべき職務もサボタージュした。その一例が先の侍従・内舎人《うどねり》による打毬《だきゅう》事件であるが、ほかにも官人たちが職務を放棄した事例がある。ここでは使者として任命を受けながら、派遣当日になって急遽辞退する事例を紹介しよう。

天武七年（六七八）、毎年昇進が可能となる考選法が天武によって布告された。そのことは第一章で述べたが（二〇〜二二頁）、実はこのとき、あわせて次のような命令も出されていたのである。

「官人が公務による使者として派遣される当日、病気や父母の死と嘘をついて派遣を辞退した場合、その年の昇進は認めない」

要するに、使者としてのサボタージュを禁じたのだ。

天武は古代の天皇の中で、もっとも専制君主らしい天皇だ。武力で皇位を奪取し、覇者として臣下を威圧した。「政《まつりごと》の要《かなめ》は軍事なり」の名言を遺した武張った天皇でもある。その畏怖すべき専制君主の治世下にあっても、またおそらくはその天武の勅命を帯びて遣使《けんし》される場合であっても、詐病《さびょう》や父母が死んだことにして遣使を免れようとする官人たちがいたのである。それは天武をして禁令を出させるほどに問題化していたようだ。

当然のことだが、さすがに使者としての任命自体は拒めなかったのだろう。とりあえず使者としての任命は受けたが、気の進まない任務もあれば、気乗りのしない派遣先もあったに違いない。しかし、だからといって、当日になって嘘の口実を使ってキャンセルするとは、専制君主国家の官人として、にわかに信じがたいサボタージュである。だが、これが草創期における律令官人の実態だったのだ。

天武七年（六七八）の禁令が出るまで、この手合いにはどんな対応をとったか。それはわからないが、このような禁令を出さざるをえなかったとすれば、これも信じがたいが、それまではキャンセルを認めてきたのだろう。派遣当日、もっともらしい口実を設けて使者の仕事をキャンセルしてきても、それを確かめることもなく聞き入れ、急遽代役を立てる。鷹揚だがやむをえない面もあった。

この時期は、天武が律令官人群の形成を急ピッチで進めていたときである。第一章で述べたように、それは事実上、下級の分厚い実務官人群を築き上げることを意味した。急ごしらえの専制君主国家であったから、自分の本来の職務に加えて、臨時に使者としての任務まで担うことは避けたいという未熟な官人もいたに違いない。未熟な官人たちに酷薄な対応は禁物である。

しかし、やたらと病気や肉親の死を口実とする者が多く出て、意図的な遣使辞退つまり職務放棄の悪弊が知られたのであろう。専制君主国家においては、官人たちがそれぞれ本来の職務に励むのは当然として、時と場合によっては、勅命や勅命を受けた政府幹部の命によって使者となり、たとえ死地であっても敢然と赴き、使命を迅速かつ的確に果たすことが求められる。専制君主の手足となるとはそういうことだ。

アメとムチ

天武七年（六七八）に毎年昇進可能の考選法とこの遣使辞退の禁令がセットで発令されたことには重要な意味がある。考選法とは、すでに述べたように、下級官人群を有能な実務者集団に精練するためのインセンティブだ。これでもって日々の職務の精勤を促す。

一方、遣使辞退の禁令とは、彼らを専制君主の忠良な臣下に練成するための戒めなのである。日ごろは自分の職務に精励するが、時として出されるいかなる命令にも従って使者となり、完璧に使命を果たす。そうであってこそ、忠良な臣下である。考選法と禁令。二つは律令官人育成のための、いわばアメとムチとであった。

しかし、アメの方はともかく、ムチはいかにも緩い。たとえ日々の職務では精勤し、その限りでは十分昇進が見込めたとしても、使者に任命されてサボタージュした場合は、これを咎めて制裁を科す。そこまではよい。従来からすれば大きな前進だ。しかし、その制裁とは、当年の昇進停止。ただこれだけなのだ。どれほどの抑止効果を期待できようか。

専制君主国家としては、正当な理由もなく遣使を免れようとする官人は、本来厳罰に処すべきであろう。ところが、古代随一の専制君主である天武でさえ、官人のサボタージュにはかくも寛容だった。前章で見たように、八、九世紀の日本の律令国家は官人のサボタージュにまことに寛容な専制君主国家であった。その源流は七世紀後半の天武朝の律令国家草創期に発するのである。

もっとも、使者が派遣当日になって正当な理由もなく派遣を拒む。これはどんな国家であれ、重大なサボタージュである。その制裁が昇進停止処分。これではさすがに軽すぎる。そこで後年、時期は不明だが見直しが行われた。十世紀初めの『延喜式』では、「使者に任命された官人が、その後に病気だと言ってきた場合は、式部省が真偽を確かめ、本当に病気ならば他の官人に換え、詐病ならば律により処罰せよ」となっており、刑事罰を科すと改訂された。

詐病などで遣使を免れようとするサボタージュは、七世紀後半の天武朝だけではなく、その後も横行した。ばかりか、ますます激化の一途をたどった。天武の打ち出したいかにも緩い制裁では案の定、とても抑止できなかったのだ。とくに、冠位（位階）の昇進に執着しない下級の官人たちには、何の歯止めにもならなかった。結局、このサボタージュは刑事罰をもって臨むしかないほど猖獗《しょうけつ》を極めたということだろう。もっとも、詐病による遣使拒否に実際に刑事罰を科したかどうか。筆者ははなはだ疑わしいと思っている。

藤原緒嗣の任官拒否

ともあれ、この遣使拒否といい、前章で見た任官儀欠席による任官拒否といい、そんなことがいやしくも専制君主国家において、本当にあったのか。半信半疑の読者もいるだろう。そこで、これは少し特殊なケースではあるが、九世紀初頭、平安時代初めの藤原緒嗣《おつぐ》の事例を紹介しよう。

緒嗣は桓武《かんむ》天皇の擁立に功績のあった藤原百川《ももかわ》の子で、父の死後も早くから桓武に可愛《かわい》がられ、異例の若さで参議に抜擢《ばってき》された青年公卿。その緒嗣が桓武死後の大同《だいどう》三年（八〇八）、平城《へいぜい》天皇（桓武天皇の皇子）の下で突然、陸奥出羽按察使《むつでわあぜち》に任命される。陸奥出羽按察使とは、陸奥・出羽両国の最高責任者。北部の前線では今なお蝦夷《えみし》との戦闘が続き、帰降した蝦夷はいつ寝返るやもしれぬ。その辺境の地に赴いて軍事・行政を指揮しなければならない。

この陸奥出羽按察使を緒嗣は辞退しようとする。天皇に上表文を書いて直訴。それも一度ならず、二度までも。その両度の上表文をまとめると、彼の訴えはこうである。

「自分は軍事に不向きである。都育ちで地方での教化（文明化、政治のこと）に馴《な》れていない、だから、陸奥国のようなまだ野蛮で教化の困難な地方は堪えられない。封戸や官職はすべてお返しするので、どこか教化が進んで治めやすい国の長官に任じていただきたい」

史家の中には緒嗣を儒教的仁政家として高く評価する向きもあるが、筆者は素直に賛成はできない。親の七光りで若くして高官に昇った男。エリートらしいひ弱さと傲慢《ごうまん》さが見える。ただ、「生来視力が弱く、長年脚気《かっけ》にも悩まされている」というくだりもあって、同情もまた禁じえない。

これは実は反平城派に対する粛清人事であった。だから、当然辞退は認められず、緒嗣は陸奥国の多賀《たが》城（現宮城県多賀城市）に赴任するが、薬子《くすこ》の変（八一〇年）で平城派が失脚すると、すぐに都に戻された。してみると、彼の直訴はまんざら無駄ではなかったかもしれない。

ともあれ、このように、政局がらみの特殊なケースであったが、それにしても、「都会育ちだから僻地《へきち》はご免だ。治めやすい国に替えてほしい」とは、立派な任官拒否である。地方転勤を命じられた者が「自分は東京育ちだから田舎《いなか》の支店は嫌だ。どこか都会に替えてほしい」と真顔で社長に訴えるだろうか。現代からみれば、それほど非常識な訴えである。

しかし、このような任官拒否は、実は緒嗣の時代より半世紀近く前にすでに問題となっていた。天平宝字《てんぴょうほうじ》五年（七六一）の淳仁《じゅんにん》天皇の勅には、「辺要の地（陸奥・出羽、西海道諸国など）の国司に任命すると、重病だと称してこれを辞退しようとする」と見え、当時の官人たちが詐病までして任官辞退を訴えていたことがわかる。明らかな任官拒否である。

重要なことは、古代においてはそういう訴えが可能だったということだ。通るかどうかは別にして、そういう訴えを聞いてもらえる素地があったのだ。とすれば、遣使・任官を拒否するサボタージュは、私たちの想像する以上に古代を通じて広く見られたのではないか。筆者はそう考えている。

御酒勅使の役を逃げる

それにしても、気乗りのしない職務は避けようというのである。古代官僚もなかなかしたたかである。しかも、彼らは遣使・任官を拒否しただけではない。それ以外にも多くの場で、気乗りのしない仕事や役割を拒否した。

たとえば、天皇が催す公けの酒宴の場。彼らはある気の張る役目が回ってくるのを敬遠した。それは御酒勅使《みきのちょくし》である。

律令国家においては、元日の節会をはじめ、多くの天皇主催の酒宴が折々の年中行事として、または臨時の公宴として開催された。その酒宴の場では、天皇臨席の下、出席した官人たちは謝座《しゃざ》・謝酒《しゃしゅ》と呼ばれる拝礼で天皇に謝意を表す。酒食が振る舞われ、音楽も演奏されて宴たけなわとなり、やがて閉会に向かおうとするころ。ここで御酒勅使の出番だ。

所定の位置に立ち、天皇に代わり、参会者に向けて「その日の宴《うたげ》を喜び、恩賜の節禄を支給する旨」の宣命《せんみょう》を読み上げる。宣命大夫《せんみょうのたいふ》とも呼ばれるこの勅使は、出席した五位以上官人、とくに参議以上の公卿が務める。慣例では、内弁《ないべん》（幹事役の筆頭公卿）が宴会中に直接指名するのである。

ところが、元慶《がんぎょう》八年（八八四）に出された右大臣源　多《みなもとのまさる》の宣旨《せんじ》（口頭命令を書き留めた簡易法令）によると、当時の諸節会では、そろそろ内弁が御酒勅使を指名するころを見越して、声がかかりそうだと自覚している官人たちは、内弁がやって来る前に、いち早く宴席から逃げ出していたという。宣旨では内弁が指名しようにもできないありさまを嘆いている。

節会などの酒宴は、多くの場合、何かと気の張る儀式が終わった後の直会《なおらい》である。儀礼として謝座・謝酒あるいは群舞《ぐんぶ》といった所作はとらされるが、何といっても酒と肴《さかな》と楽曲でくつろぎ、さらには後で節禄をもらえるのもまた楽しみである。そのさなか、いまさら気の張る御酒勅使のご指名など、まっぴらご免蒙《こうむ》りたい。だが、直接指名されたら受けるしかない。ここは一時《いっとき》姿をくらまして、内弁の指名をやり過ごそう。その気持ちは、現代の私たちにも理解できる。

勅使はありがたくない

しかし反面、よくお考えいただきたい。天皇臨席の下、勅使として天皇のお言葉を臣下一同に伝える。彼らには、それを名誉とありがたがる気持ちがつゆほどもない。酒宴の場ではあれ、専制君主国家の忠良なる官僚として自分をアピールしようという気持ちなど、さらにない。ほろ酔い気分で、気が大きくなったせいもあろう。勅使であれ何であれ、いやな仕事はやりたくない。そのためには雲隠れといった姑息《こそく》な手段も弄《ろう》する。これが律令官人の本音だったのだ。

しかも、彼らはみな、君恩をより身近に享受している五位以上の貴族である。勅使の任に十分堪えうる有能な官人たちでもあった。その彼らにして、実態はこうなのである。まして、六位以下官人に至っては、過剰な君臣観念とはまったく無縁な人々であったと想像できる。

さて、実は先の宣旨が出されたのは九月九日。重陽節会《ちょうようせちえ》（菊花宴《きくかのえん》）の当日だった。この宣旨では、今後御酒勅使の指名は、酒宴の始まる前、会場の外に列立した五位以上官人の適任者に対して外弁《げべん》（会場外担当の公卿）が行う方式に改め、早速この日の重陽節会から適用したのだった。節会に出席して節禄を受給するために、まずは必ず会場外に列立して点呼を受けねばならない。このとき御酒勅使に指名されれば、逃れようはない。

しかし、ここでも、なぜもっと毅然《きぜん》とした対応がとれないのか。指名を避けるために宴席から「逃げ去る」（元慶八年宣旨）連中はわかっているのだから、後で彼らを呼び出して厳しく説諭の一つでも加えればよいではないか、と思うのは筆者だけではあるまい。宴会中に意図的に逃げたことは咎めず、逃げられてしまっては致し方ない、ならば事前に指名しておくことにしようとは、いかにも現状容認で弱腰。歯痒《はがゆ》いかぎりだ。

もっとも、逃げる官人たちも逃げられる内弁も、どちらも五位以上、場合によっては同じ公卿同士。所詮は同じ穴のムジナである。逃げられる方だって、かつては逃げる方だったに違いない。そういう事情もあって、厳しく当たれないという面もあっただろう。

しかし、すでに本書の読者にとって、律令国家のこういう緩い対応は少しも特別なことではないはずだ。御酒勅使の指名を逃れることがいつから常態化したか。それはわからない。だが、そのような行為に毅然と対応しない律令国家の緩さ。これが九世紀後半になって初めて見られるようなものでないことはたしかである。草創期以来、官人のサボタージュに寛容な律令国家の姿をここでもたしかに認めることができる。

2　少納言が重要政務を遅刻・欠席する

弁官申政を無断欠勤

律令官人は臨時の遣使だけではなく、日々の職務もサボタージュした。少納言といえば、古代官僚機構の中枢である太政官の事務局を構成する要官。従五位下相当官で侍従も兼ねた。定員は当初は三名、大同三年（八〇八）以降は四名である。

弘仁九年（八一八）六月十日のこと。その少納言某が弁官申政《しんせい》に出てこなかった。無断欠勤である。弁官も太政官の事務局だが、こちらは太政官の公卿（議政官）と内外諸官庁とをつなぐ取次機関で、この弁官が諸官庁からの上申文書（解《げ》という）を受け付け、太政官の公卿たちに決裁を仰ぐ。その政務が弁官申政である。律令国家の政務の中ではもっとも重要な政務の一つだ。

その弁官申政を少納言がサボタージュした。これについて、太政官内で公卿の一人が次のような宣旨を出した。

「この政務に理由もなく欠勤した場合は、延暦年間の宣旨に従って、一日の欠勤につき上日《じょうじつ》（勤務日数）五日分を没収する。ただし、前日に宮内に宿直した者は、翌日の弁官申政には必ず出られるはずだ。それでも欠勤したとすれば重大な怠業であるから、没収は一〇日分とする」

制裁として、上日を没収するという。ただ、注意していただきたい。そのような制裁はすでに「延暦年間の宣旨」で定まっていたのである。これはより正確には延暦二十四年（八〇五）の宣旨のことだ。少納言が弁官申政を無断欠勤するのは初めてではなかった。少なくとも、十数年ほど前には、制裁を定めねばならないほど問題化していたのである。

その延暦二十四年に定まった制裁は、一日の無断欠勤につき上日五日分を没収することだった。上日が毎年の勤務評定の前提となることは第一章で述べた。少納言のような長上官に求められるのは年間二四〇日。たかだか五日分の没収でただちに勤務評定が危うくなるとも思えないが、ともかく延暦二十四年の公卿たちは、これで十分な制裁と考えた。

ところが、弘仁九年（八一八）の公卿たちは場合によっては、それでは不十分だと考えたのだ。この時期の弁官申政は太政官曹司庁《ぞうしちょう》で行われていた。だから、少納言が前日に宮内（太政官曹司庁または侍従所）に宿直していた場合、翌日の政務に出てこられないはずはない。この場合の欠勤はより悪質である。そう考えた。おそらく、六月十日の無断欠勤者がそうだったのだ。そこで、上日の没収は五日分ではなく、倍の一〇日分としたのである。

この経緯を見ると、少納言による無断欠勤は多くの場合、物理的な困難を理由としていたようだ。本人が京内ではなく、京外のたとえば大和や河内《かわち》に私用で出向いており、政務当日までに戻れず（戻る気もなく）欠勤する、あるいは京内にいても、遠方に出向いたことにして欠勤するケースである。咎められれば「余儀ない所用で京を留守にいたしておりまして」と言い訳が立つ。公卿たちもこれにはさほど厳しい制裁を科さない。

しかし、前日に宮内で宿直していたとなれば、話は別だ。言い訳の立ちようがない。意図的なサボタージュは明白で、より厳しい制裁となるのは当然だ。弘仁九年の宣旨はこのような公然としたサボタージュへの対応を定めたものである。

無断欠勤の制裁を緩和

ところが、翌弘仁十年（八一九）九月になると、この無断欠勤の制裁について、当時の筆頭公卿大納言藤原冬嗣《ふゆつぐ》は改めて宣旨を出す。弘仁九年の宣旨を引いた後で、このように制裁の緩和を告げたのだ。

「このたび、公卿で協議した結果、少し大目に見るべきだということになった。昨年の制裁を改めて、前日に宿直した者は一日の欠勤につき七日分の上日を没収し、そうでない者は四日分を没収することにする」

非宿直者を五日から四日にしたのは小幅だが、前日宿直者を一〇日から七日にしたのはやや大幅な軽減である。言い訳できない公然としたサボタージュが弘仁九年以後も続いていたことがわかるが、驚くべきは何といっても緩和である。宿直しながら欠勤した少納言にとって、上日一〇日の没収はそれほど厳しい制裁だったのか。

上日を一〇日没収されるということは、没収分も含めて年間二五〇日の勤務日数が必要ということだ。ひと月平均二一日の勤務で足りる。上日没収がなければ、ひと月平均二〇日の勤務だから、毎月一日出勤が増えるだけだ。とくに厳しい制裁ではない。しかし、無断欠勤が常習化していたとすればどうか。

宿直後の公然とした無断欠勤が年間一日だけではなく、二日・三日それ以上とたびたび繰り返され、これに宿直後ではない無断欠席も合わせるとすれば、最終的には数十日から五、六十日、場合によってはそれ以上の上日が一挙に吹き飛んでしまう。これは堪《たま》らない。常習化した少納言たちから「厳しすぎる」と不満が出ても不思議ではない。

しかし、たとえそうだとしても、制裁緩和などしなくてもよいではないか。無断欠勤を重ねたことにより、上日を何十日も没収され、勤務評定の対象外となって昇進が一年遅れる。位階の昇進に敏感な五位以上官人にとっては、なるほど不名誉なことだ。しかし、それこそが制裁である。怠業の抑止効果にもなる。私たちはそう思うが、当時の公卿たちは違ったのである。

冬嗣は「少し大目に見るべきだ」と言った。言外に、多少の無断欠席は黙認すると言っているのだ。少納言は弁官申政においては、部下の外記と弁官の弁《べん》・史《し》の三者とともに上官として出席する。上官は内外諸官庁の上申案件を公卿たちに伝え決裁を仰ぐのだが、実際に口頭で案件を読んで伝えるのは弁官の史で、少納言は上卿《しょうけい》（その場の筆頭公卿）が決裁すると弁とともに称唯《いしょう》するだけだ。少納言は決定的に重要な役割を担っているわけではない。

この政務での少納言の役割は、公卿が口頭で行う決裁を他の上官とともに傍聴して確認・記憶することだったとされている（吉川真司説）。文書行政以前のわが国の古い方式を踏襲したものだという。しかし、実際にはこの政務でも、諸官庁の解《げ》が読み上げられ、その文書に公卿の決裁も書き込まれた。傍聴するだけの少納言の役割は形骸化しやすい。多少の欠勤もやむをえまい、となるのである。

公卿も遅刻・欠勤

冬嗣の宣旨はそういう空気を読んだものだ。しかも、それだけではない。実は上申を受けて決裁する公卿の側も遅刻・欠勤が多かったのである。承和《じょうわ》三年（八三六）、仁明《にんみょう》朝の右大臣清原夏野《きよはらのなつの》の宣旨により、弁官申政の開始時刻が次のように定められた。

「弁官申政は開始時刻が決まっている。ところが、公卿たちの中には、当日の朝になって支障が生じたと使いの者をよこしたり、遠く離れた所に出かけていて遅れてくる者がいる。今後は二月から七月は辰《たつ》の三点（午前八時）、八月から正月は巳《み》の二点（午前九時半）を刻限とする。それまでに来ていない公卿については、外記から出仕している公卿（中納言以上）に報告し、来ている公卿で弁官申政を行え」

これ以前の弁官申政では公卿の全員出席が原則だったようだ。しかし、当日急に出勤できないと言ってきたり、遠所から来るため遅刻する公卿がいる。そうすると、所定の時刻になっても弁官申政を始めることができず、政務が滞ってしまう。そこで夏野は公卿全員出席の原則をやめ、刻限内に登庁してきた公卿だけで弁官申政を受けることにしたのだ。

これといい、秋冬の開始時刻を春夏より一時間半も遅らせたことといい、夏野はたいへん現実的な対応をとった。だが、それだけ当時の公卿たちの遅刻と欠勤が多かったのだ。欠勤もその届は当日朝になってからのもの。事実上、無断欠勤に近い。上申を受けて決裁する公卿の側もそんな体たらくだった。しかも、夏野はそれを少しも咎める風ではない。冬嗣の宣旨はこれより二〇年近く前だが、弁官申政についての欠怠は少納言だけではなかったのだ。すでに当時の公卿の中にも、咎められないのをいいことに平気で遅刻・欠勤する者がいたようだ。少納言だけを一方的に厳しく処罰できない公卿側の事情もあったのである。

内印請印を遅刻

太政官内での官人たちの欠怠はまだほかにもある。とくに、少納言の欠怠事例は枚挙に暇《いとま》がないほどだ。いくつか紹介してみよう。

少納言は太政官内の事務局として、天皇と太政官との間に立ってさまざまな実務を担当する。その一つが内印《ないいん》の請印《しょういん》である。内印とは天皇の印（御璽《ぎょじ》）のこと。天皇のもとに置かれ、詔勅《しょうちょく》などの重要文書に押捺《おうなつ》された。太政官が作成した太政官符《だいじょうかんぷ》にも重要案件の場合には押捺される。この太政官符に内印を押捺するための手続きが請印で、少納言は天皇に内印を出してもらうよう奏上しなければならない。そういう奏上を受けることも天皇の日常的な政務の一つなのである。

ところが、弘仁五年（八一四）、右大臣藤原園人《そのひと》の宣旨によると、当時の少納言は、この奏上にあたって怠慢であったという。この時期、天皇が日常的に執務したのは、内裏の中の

図表7　嵯峨天皇像　宮内庁蔵

南大殿《みなみのおおとの》（のちの紫宸殿《ししんでん》）。当然、少納言も、ここで天皇が執務している間に請印を奏上しなければならない。それを執務中に奏上せず、天皇が執務を終えて、常《つね》の御殿の北大殿《きたのおおとの》（のちの仁寿殿《じじゅうでん》）に引き揚げたところにやって来て、奏上するというのである。

天皇にしてみれば、たいへん迷惑な話だ。その日の公務を終えて常の御殿でゆっくりくつろごうとしている。そこにまた、いつものように少納言がやって来て、ここで今から政務をしてくれという。特別な事情あってのことではない。少納言の参内が遅すぎただけなのだ。

なんという厚かましさか。わが身の怠慢を顧みず、ならば常の御殿に行って済まそうというこの横着ぶり。少納言は天皇に近侍する侍従でもあった。多少の無理も通じるという甘えもあったか。それにしても、天皇への畏怖が希薄である。およそ忠良の臣下にはほど遠い。

しかし、天皇も天皇だ。この時は嵯峨《さが》天皇で、まだ二十代の青年天皇。結局、常の御殿の方にやって来た少納言を追い返すことはしない。毎度苦々しく思いながら、その請印奏上に応じていたのである。重要法令の施行とあれば、やむをえなかったのかもしれない。だが、それでは少納言の怠慢を認めるようなものだ。せめて天皇から直接面と向かって少納言を叱責すべきではなかったか。あるいは叱責しても怠慢は改まらなかったのか。

いずれにせよ、天皇自身の手でこの理不尽を禁じることはできなかった。結局、今後は改めるようにと右大臣から部下の少納言に諭告してもらう。それが精一杯だったのだ。嵯峨は詩や書に秀でた文人天皇として知られるが、勇壮な鷹狩《たかがり》を好んだ武人天皇でもある。その嵯峨でさえ、少納言のような身近な臣下の怠慢に手を焼くありさまだった。専制君主とされる古代天皇の偽らざる姿がここにある。

請鈴の欠怠

さて、少納言は請印以外にも、さまざまな奏上を行わねばならない。天皇行幸《ぎょうこう》時における請鈴《しょうれい》の奏上もその一つだ。これは天皇行幸に先立って、天皇のもとに置かれている駅鈴《えきれい》を請《う》け出すための奏上である。

駅鈴は中央から地方に駅馬《えきば》を飛ばす使者が携行するものだ。「各駅で所定の匹数だけ馬を乗り継いでよい」と天皇から許された証しとなる。むろん、これを携行する使者は国家の重要任務を帯びた者に限られる。言い換えると、このような使者を日本全国に発遣できる権限は、駅鈴を所有する天皇にしかないのである。

駅鈴が内印とともに皇権のシンボルとされるのはそのためである。両者あわせた「鈴印」の所在。これは古代の皇権にとって絶対的に重要であった。天平宝字八年（七六四）の藤原仲麻呂（恵美押勝）の乱では、緒戦の鈴印争奪戦で孝謙上皇側が凱歌を上げる。それが乱全体の帰趨《きすう》を決めたのだった。

事ほどさように、鈴印の所在は重要であったから、天皇が行幸で宮中を離れる際も、鈴印を置いて出かけることはしない。その際は、駅鈴も内印もそれぞれ天皇のもとより請け出し、用意した荷馬に負わせて行幸に従わせるのである。その請け出しのための奏上は少納言の役目であった。

ところが、弘仁十年（八一九）、勅命を受けて下された大納言藤原冬嗣の宣旨では、その少納言が請鈴の奏上を欠怠した場合、制裁として「上日を一五日分没収」すると定めている。これは当時実際にそのような欠怠が発生しており、その再発防止策として発令されたものだ。

上日一五日の没収。延暦二十四年（八〇五）と弘仁九年（八一八）に出された弁官申政欠勤の制裁は五日の没収（前日宿直者は一〇日）だった。しかも、弘仁十年の宣旨では、これを四日（同上七日）に軽減。請鈴欠怠の制裁は弁官申政欠勤のそれにくらべると、かなり重いことがわかる。行幸に際して駅鈴をうっかり宮中に置いたままにする危うさを嵯峨や冬嗣は重く受け止めていたのだ。

無理もない。わずか一〇年ほど前、平安宮の嵯峨天皇と平城宮の平城上皇（嵯峨天皇の兄）との間に「二所《にしょ》朝廷」と呼ばれる異常事態が出現。皇権分裂の危機となった。この危機は薬子の変での嵯峨側の勝利によって解消され、以後皇権は安定に向かったが、嵯峨や側近の冬嗣にとって、皇権を不安定にしかねないような要因は何であれ、神経を尖《とが》らせていたのである。

しかし、どうやら少納言の方はそのような警戒心を共有していなかったようだ。行幸先に駅鈴を届けるための奏上を怠り、天皇不在の宮中に駅鈴をそっくり置き去りにしたのは大失態である。だが、当人にとっては、ただ数ある奏上の一つを失念しただけのことではなかったか。

嵯峨や冬嗣が再発防止策を講じたのは当然である。ただ、弁官申政にくらべればかなり重くしたとはいえ、その制裁は結局、上日没収という行政処分にとどまった。国家的危機を招きかねない大失態を犯した者に対し、嵯峨も冬嗣も解官や刑事罰といった厳罰で臨むことなど考えもしない。昇進に多少重いハンディキャップを負わせるだけだ。律令国家草創期以来の緩くて鷹揚な官人統制の伝統はここにもたしかに受け継がれているのである。

奏紙が悪臭を放つ

少納言はさまざまな奏上を行ったが、その奏上に使われる紙（奏紙《そうし》）をめぐって、天皇から内侍《ないし》（天皇に常仕する女官）を通じて叱責を受けたこともある。延暦九年（七九〇）、桓武天皇のときだ。その内侍の宣旨によると、桓武は次のように怒りをぶちまけている。

「私のもとに進められる奏紙には、悪臭を放つものが多い。今後は臭《にお》わないきれいな紙だけを選んで奏紙とせよ。もし、これを改めないなら、奏上を行う少納言を処罰する」

政務とはいえ、毎日臭《くさ》い奏紙を否応《いやおう》なく嗅《か》がされて辟易《へきえき》している様子が目に浮かぶ。当時の公用の紙は図書寮《ずしょりょう》管轄下の紙戸《かみべ》で製造され、各官庁に納められた。紙が臭いのはおそらく紙漉《す》きの工程に問題があったからで、少納言に直接の責任はない。

また、その紙を用いて奏文を作成したのは部下の史生《ししょう》であって、やはり少納言ではない。だから、宣旨で桓武の勅を伝えた内侍は、太政官の当番史生に対し「天意をよく承知し、料紙の良し悪《あ》しをしっかり吟味するように。それを忘れてはならない」と注意を促している。

しかし、太政官内において、部下が悪臭を放つ紙を不用意に奏紙に使って文書を作成したら、少納言がこれをとどめて、天皇に不快な思いをさせない。それは管理責任者として当然のことではないだろうか。侍従も兼ねているのだから、よけいに天皇への慮《おもんぱか》りがあってしかるべきだ。ところが、当時の少納言は悪臭芬々《ふんぷん》たる奏文をそれと知りつつ、平然と天皇に進上していたのである。信じがたい怠慢。桓武が怒るのも無理はない。

ここでもまた注意をひくのは、官人たちに天皇への畏怖や過剰な君臣観念がないことである。もっとも、図書寮の紙戸は官人ではない。朝廷に半ば隷属する世襲の工人集団だから、ここではもとより論外だ。とくに天皇を意識して製紙に従事していたわけでもあるまい。

その点、太政官史生たちとなると話は別だ。臭い奏文をそれと知りつつ作成する。彼らにとっては、奏紙がどんなに臭《にお》おうとも、奏文さえ作成してしまえば、職務は完了なのだ。内侍が見かねて注意を促したが、そもそもここで彼らが適切な奏紙を選んでいれば、天皇が「臭い奏文」に顔をしかめることもなかった。

しかし、これこそが下級官人なのだ。命じられた実務官僚としての仕事はしても、臣下として、臨機の仕事まではしない。彼ら下級官人は、これまでも再三述べたように、天皇を畏怖していないし、過剰な君臣観念に縛られてもいない。そして、そのありようは桓武の時代に特有のものでもない。律令国家草創期以来のものだ。驚くにはあたらない。

驚くべきは少納言である。先の内印請印の遅刻や駅鈴請奏の欠怠もそうだが、本来天皇を畏怖し、これに忠節を尽くすべき立場にある貴族（上級官人）が怠慢によって天皇への非礼を繰り返す。およそ専制君主国家ではありえないような失態だが、これが実態だった。天皇に名前で把握される臣下であるから、さすがに下級官人ほどではないにせよ、天皇への畏怖の念は希薄で、君臣観念にも欠けるところがあったと言わざるをえない。

太政官以外での欠怠

さて、ここまで主として少納言の欠怠を取り上げてきたが、むろん欠怠はひとり少納言に限ったことではない。一部は取り上げたが、公卿をはじめ太政官を構成する多くの官人たちについても、さまざまな欠怠の事例が伝わっている。

実はこのように、太政官諸官の欠怠事例がまとまった形でわかるのは、『類聚《るいじゅう》符《ふ》宣抄《せんしょう》』という平安時代前期の文書集が現在残っているからだ。そこに太政官内で発生した欠怠案件に対する細則や措置が宣旨として多数収められているのである。

残念ながら、太政官以外の官庁については、そのようなありがたい文書集は残っていない。だから、各官庁内で発生した欠怠案件は太政官にくらべると、ほとんど伝わっていない。しかし、これはむろん、史料の残存度の違いによるものだ。額面通りに受け取ることはできない。むしろ、太政官以外の官庁でも、少なくとも太政官と同程度には、欠怠案件が発生していたと見るべきである。

ただ、平安時代以前については、太政官も含めて、諸官庁内で欠怠案件が発生したことを伝える文書集もない。しかし、下級官人の場合は、第二章で述べたように、早い時期から儀式へのサボタージュが横行していた。官庁内での欠怠も少なからずあったと見るのが自然だ。

一方、上級官人の場合は、儀式へのサボタージュは、下級官人に遅れて奈良時代後半以降に横行を見るようになる。同様に、官庁内の欠怠も、時代の経過とともに次第に頻発するようになったのではないか。

新生律令国家の官僚機構の中で、上級官人たちは指導者層を構成し君恩を享受した。下級官人にくらべれば、君臣観念はよほど強かっただろう。それだけに、当初欠怠は比較的抑えられていたかもしれない。しかし、彼らも下級官人同様、およそ元来勤勉であったとは言いがたい。そのことは第四章で説明するが、だとすれば、遅かれ早かれ彼らもまた、各官庁内で先の少納言のように、さまざまな欠怠案件を引き起こすようになっていった。筆者はそのように推測している。

3　郡司が自身の解任を求める

郡司の任用

ここでは、中央官庁から目を少し外に転じよう。畿内（山城《やましろ》・大和・河内・和泉《いずみ》・摂津《せっつ》）の郡司《ぐんじ》の一見不可思議な職務放棄について取り上げる。遣使辞退といった特定任務についての職務放棄ではない。遅刻や失念・怠慢による一時的な職務放棄でもない。官人として果たすべき職務を一切遂行しない。そういう本格的なサボタージュとしての職務放棄である。

日本の律令国家の地方行政区画は国郡里制《こくぐんり》（のち国郡郷里制《こくぐんごうり》を経て国郡郷制）である。国はいくつかの郡よりなり、その郡はいくつかの里（郷）よりなり、さらにその里は人為的に編成された五〇の戸よりなる。このうち、郡はたいへん重要な行政区画で、たとえば租・庸・調といった律令国家の基本的な租税は郡単位で徴収・管理される。その郡を治める官人が郡司である。国を治める国司が中央からの赴任であるのに対し、郡司は在地一帯の複数豪族から任命される。しかも、豪族なら誰でもというわけではない。

郡はもと評と表記された（訓はともにコホリ）。七世紀半ばの大化改新期、孝徳天皇の時代にそれまであったクニという行政区画をベースに全国一斉に評が建てられた。クニを治めていたのは国造《くにのみやつこ》という地方官。この国造も在地一帯の有力豪族だった。そこで、評が建てられたとき、その評を治める評司《こおりのつかさ》（評造《こおりのみやつこ》・評督《こおりのかみ》・助督《こおりのすけ》など）には、それまで国造を務めていた豪族やそれ以外の豪族からも任用された。

評は八世紀初頭の大宝令によって、表記を郡に変えたが、郡司になる条件は、その豪族が孝徳朝の建評《けんぴょう》以来、連綿と評司・郡司を務めてきた系譜を持つこと（譜第《ふだい》）と行政官としての才能だった。郡司任用制度の沿革では、譜第をより重視する譜第主義と才能をより重視する才用主義との相克も見られる。

とはいえ、おおむね譜第主義が優勢だったのであるが、孝徳朝建評以来の時間の経過の中で、在地においては新たに台頭してきた勢力も加わって、豪族たちの間で郡司の地位を熾烈《しれつ》に争うようになる。

その郡司の任用手続きは一般の官職とは異なる。国司から選定された郡司候補者は国司とともに上京して式部省に赴き、「試練《しれん》」と称する任官試験（譜第の申告と筆記試験）を受けねばならない。ただし、畿内と西海道諸国の郡司は、この任官試験は免除された。その代わり、畿内の場合は国司が、西海道の場合は大宰府《だざいふ》（九州全域を管轄した役所）が提出した郡司候補者の選定資料を式部省が慎重に審査・確認する。このように、式部省での任官試験または書類審査を経た上で、最後は天皇の裁可により任用が決定される。一般の官職にくらべて、手続きが厳重なのである。

郡司は「終身官」

それだけ厳重な手続きを設けたのは、郡司という地方行政官が律令国家の全国支配を在地で担うたいへん重要な官職だったからだ。そして、そのようにして任用した郡司は一般の官職とは違い、任期のない「終身官」とされた。単なる官僚ではない。在地の人々を直接支配する豪族でもあったからだ。

郡司は「終身官」。この認識は古代の文献にも出てくる有名なものだ。しかし、実際には「終身官」どころか、多くは一〇年にも満たない短期間で交替したらしい。郡司となるべき在地の有力者が同じ郡内に多数存在し、郡司の職は彼らの間で持ち回り的に移動していた(須原祥二説)。

では、交替して郡司を辞めた者はどうしたか。外散位《げさんい》という地位で郡行政に関与し続けたという(同前)。郡司は大領《たいりょう》(長官)・少領《しょうりょう》(次官)・主政《しゅせい》(判官)・主帳《しゅちょう》(主典《さかん》)からなる。任用されると、大領・少領は外従八位上《げじゅはちい》・外従八位下、天平神護《てんぴょうじんご》三年(七六七)以後は主政・主帳も外少初位下《げしょうそい》の位階を与えられた。彼らは辞任後も、位階を帯びたまま、郡家《ぐうけ》(郡司が執務する役所)で非常勤職員として勤務し、官人身分にとどまった。のちに再び郡司に任用される者もいた。

郡司は辞任後も官人身分を保証される。たとえ郡司は終身でなくても、一度郡司に任用されたら、辞めても終身官人でいられる。そして、この特権こそが畿内郡司を職務放棄に走らせる誘因となるのだ。前置きが長くなった。畿内郡司の職務放棄問題について述べよう。

畿内郡司は、式部省での任用試験が免除されることを除けば、畿外郡司と大きな違いはなかった。大きな違いが生まれたのは、延暦十八年（七九九）である。畿内郡司に限り、任用時の初叙位階を外位《げい》（地方在住者専用）から内位《ないい》に改められたからだ（たとえば、大領は外従八位上ではなく従八位上）。これによって中央の下級官人と同じ内位に序列され、同じ種別の勤務評定を受ける（これを内考《ないこう》という）ことになったのである。畿内郡司があろうことか詐病により職務を放棄しだすのはこのころからだ。

解任を求める畿内郡司

弘仁八年（八一七）、右大臣藤原園人は嵯峨天皇にある奏状を提出した。

「延暦十八年に畿内郡司を内考といたしました。それは彼らが都の近くにいて、雑務に駆り立てられることがきわめて多く、畿外郡司とはとても同列にはできないからでありました。ところが今、この畿内郡司は、任用前には多くの者たちとその官を求めて争っておきながら、いったん任用されるや、とたんに自分は病気だと嘘をついて自ら解任を求めるありさまです。これは郡の政務に穴をあけ、これを放棄するだけにとどまりません。国家の法を欺き犯す所業であります。伏してお願いいたします。今後、このような者がいたら、国司が病気の真偽を確かめ、詐病の場合は、解任ではなく、郡司任用以前の身分に戻す処置をとっていただきますように。もし、国司が彼らの請託を受けて安易に解任した場合には、状況に応じ処罰して人事評価も降し、くれぐれも寛大な扱いはなさらぬように。乞《こ》い願わくは、これにより邪悪の源を絶ち、今後の郡司が職務に励むようになりますことを」

園人が指摘する事態は深刻である。熾烈な競争を勝ち抜いて畿内郡司となった者が郡司としての職務に励むどころか、なんと詐病によって自ら解任を求めるというのだ。なぜ詐病なのか。それは病気が解任の正当な理由として認められているからである。

しかし、苦労して郡司の地位を得たのになぜ解任を求めたがるのか。読者は不審に思われるだろう。解任されて欠員となった郡司の地位には、当然他の者が就く。解任された者は平癒しても元の職には復帰できない。後任の者とすでに交替した形をとるからだ。

中央官人への抜け道

しかし、すでに述べたように、辞めても官人身分にはとどまる。畿外郡司なら、外散位となり郡家で非常勤職員として勤務するところだ。しかし、畿内郡司の場合、そこが違っている。郡家など見向きもしない。近接する都に出て朝廷で官人として勤務することを求めるというのだ。延暦十八年（七九九）、中央官人と同じ内考にしてもらったことが契機となった。

要するに、彼らにとって、畿内郡司は中央官人となるための抜け道にすぎない。とりあえずは、熾烈な競争に打ち勝って郡司の職に就く。終身の官人身分を手に入れるためだ。ついで、かねての計画通り、詐病を使ってその職を国司に解いてもらう。これで、終身の官人身分を利用していよいよ中央進出。下級官人の世界にもぐり込む。

なんとアクロバティックでしたたかな戦略だろうか。当時、郡司の任免は事実上国司の裁量に委《ゆだ》ねられていたから、その国司に取り入って、詐病と承知の上で解任してもらう。そういう結託もあったようだ。いずれにせよ、郡司になって、郡務に精勤しようなどと殊勝なことはつゆほども思っていない。自分のために郡務が滞ろうと知ったことではない。

もともと畿内五国は中央官人のルーツである。いわば同郷の豪族が中央に出仕しているのだ。下級官人であれ、すでに中央の官人となった者は末代にわたって官人の特権を享受できる。それまで中央に出仕者を出していない豪族や新興富豪層もなんとか中央の官人世界に入り込みたいと思っても不思議ではない。

それにしても、そのために郡司を踏み台にするとはあんまりではないか。藤原園人が「国家の法を欺き犯す所業」と指弾するのも当然である。今後はそのような郡司は解任ではなく、「郡司任用以前の身分に戻す処置」（還本《かんぽん》）をとり、官人身分を剝奪するよう提案。これが認められたのだった。

中央官人になるための便法として、まずは郡司になっておく。郡司任用の競争が熾烈だったのは、そういうルートが半ば公然とあったからであろう。逆にいうと、中央の官人社会は上級の貴族はもとより、下級であっても外部からは閉じられた社会であり、そこに新規に入り込むことはきわめて困難であったのだ。

それはともかく、園人によって指弾されたのは、そもそも最初から郡務をまともに行う意思を持たず、病気と偽って隙《すき》あらば中央進出を果たそうという、したたかで野心に満ちた人々であった。むろん、天皇膝下《しっか》の郡司として忠勤に励もうなどとは夢にも思わず、郡司の地位を利用して在地支配を強めようという考えも持っていなかった。

詐病郡司の常態化

そして、驚くべきことに、このような人々はその後も後を絶たなかったのである。天長二年（八二五）といえば、弘仁八年（八一七）に先の園人の奏状が認められ、詐病郡司の還本を命じる法令を布告してから八年後。今度は式部省が太政官に解《げ》を提出する。この中で式部省は、弘仁八年法令の趣旨を確認した上で、二つのことを提案する。

一つは、詐病ではなく真病で解任後平癒した者の処置である。これは郡司の欠員が生じ次第、復任させることが望ましいとした。今一つが、ここでもまた、詐病郡司についてなのである。式部省は、「彼らは偽り欺こうとするよこしまな気持ちを抱いている。病気が真偽いずれであるかはなかなか見きわめがたいが、日ごろの行いを調べてみると、疑わしいところが出てくる」と一見真病らしく見える場合も、実は多く詐病である可能性に言及する。郡司の詐病が依然として続いていたのだ。しかも、いかにも真病らしい巧妙な手の込んだ詐病。そのような詐病を弄する者たちが出てくる原因は、式部省に言わせると、やはり内考の特権を貪《むさぼ》ることにあるという。

「この手の郡司たちはその職を逃れるために巧みに病に罹《かか》ったと称し、解任後は早速治ったと言い出す。本来の職から計画的に抜け去り、中央の他の職に就こうとする」

このようにして解任に成功した詐病郡司は、弘仁八年令以後も七二人に上ったという。八年間に七二人である。もはや常態化しているといってよい。

これに対する式部省の提案はこうだ。国司による真偽の識別を促すことは当然だが、一方で識別困難にも一計を案じている。罹病《りびょう》を申し立ててきた者がもともと郡司の職務遂行に堪えない場合は、詐病の疑い濃厚として国司より報告させ、式部省自身が当人の考帳《こうちょう》（人事調書）を確認した上で、国法を欺いたとして還本する。考帳の確認は日ごろの行いを調べるためだ。

式部省は国司の真偽識別に期待していない。罹病を申し立ててくるような郡司はほとんどが詐病と見ている。ここは式部省がそういう手合いの考帳を調べ、日ごろの不行跡が確認できれば、省の判断で詐病と認定し、還本してしまう。その方が現実的だというわけである。

式部省はたとえ真病であっても、警戒を緩めない。真病の場合は、一つ目の提案で、解任後平癒すれば、郡司への復任となる。だが、平癒したからといって、ただちに復任できるとは限らない。欠員が生じるまで待機することになる。その間、他のいかなる職にも就かせてはならない。式部省はそう念を押している。

国司が真病と識別しても、それをまるで信用していない。詐病郡司の請託を受けて解任に応じた国司も過去にはいたのだ。だから、畿内郡司から中央官人へのルートそのものを断ち切ろうというのである。式部省はもっとも抜本的な解決を太政官に迫ったのだ。人事官庁として長年権限をふるってきた式部省らしい提案である。太政官がこれを認めて、改めて法令を出したのも当然だ。

しかし、それにつけても、郡務を一顧だにせず、ひたすら中央官界転進の機をうかがう。畿内郡司のあまりに利己的な職務放棄には、ただただ呆れるばかりである。畿内といえば、天皇陛下の特別行政区画。だが、郡務精勤に励む忠義の郡司など、どこにもいない。それが平安初期畿内郡司の実情であった。

4　職務放棄する中央官人たち

春宮舎人のサボタージュ

それでは、首尾よく中央官界に転進した彼らは、そこでは心機一転精勤したのだろうか。大いに怪しいと筆者は思う。もと郡司とあれば、中央ではむろん六位以下の下級官人である。これまで述べてきたように、下級官人は早くから儀式をサボタージュしてきた。官庁内での欠怠もさまざま発生していたはず。では、官人として果たすべき職務を一切遂行しない本格的なサボタージュはどうか。ここでまた中央官庁に戻って、この問題に迫ってみよう。

春宮舎人《とうぐうどねり》を例にとろう。律令時代、皇太子（春宮または東宮）の家政機関として春宮坊《とうぐうぼう》があった。その春宮坊には舎人監《とねりげん》という部署があり、皇太子の雑用・警衛に当たる六〇〇名の舎人が所属した。これが春宮舎人である。むろん、彼らも下級官人である。蔭子孫や位子（このような内考の対象資格者を入色《にゅうしき》という。三五〜三六頁参照）の「儀容端正」（立ち居振る舞いがすっきり）で「書算に工《たく》み」な者が採用された。

ところが、平安時代に入ると、式部省はこれらの入色だけではなく、一般庶民の白丁《はくてい》からも採用しはじめた。春宮坊は皇太子の在位中に限って設置される。だから、舎人も立太子ごとに採用なのだが、毎度総勢六〇〇名である。しかも、ただ員数を集めればよいというわけではない。皇太子に忠勤する有為の人材が望ましい。ところが、後述のように、入色で採用した舎人には職務に就こうとしない者が多数いるありさま。入色だけで精鋭を揃えるのは難しかったのだろう。白丁を採用して官人身分獲得を認める代わりに、忠勤を求めたのである。とはいえ、これはあくまでも一時的な便法で、大同元年(八〇六)にはいったん廃止も決まった。しかし、おそらく入色だけではやはり無理で、逆に定員六〇〇名のうち、一挙一〇〇名は白丁から採用することにした。ただし、この一〇〇名については、たとえ欠員が生じても一切補充しない条件だった。

仕えようとしない入色

こうしてこの間《かん》、春宮舎人の精鋭維持に努めてきたのだが、やはりうまくいかない。そこで、弘仁三年(八一二)、政府は改めて次のような法令を出す。

「春宮舎人六〇〇名のうち、入色枠は五〇〇名、白丁枠は一〇〇名であるが、入色は舎人として仕えようという気持ちがなく、白丁は欠員補充をしない。これでは、数年後には春宮舎人で使い物になる者がいなくなってしまう。入色枠五〇〇名のうち一〇〇名を外任《げにん》（外位を有する者）の採用枠として振り替え、欠員が生じ次第、補充することとする」

これにより、春宮舎人は入色枠四〇〇名、外任枠一〇〇名、白丁枠一〇〇名となった。入色枠を一〇〇名削減して新たに外任枠としたわけだが、その理由は「入色には仕えようという気持ちがない」からだというのである。忠勤どころか、確信犯的な職務放棄である。

それまでの入色枠五〇〇名のうち、およそ一〇〇名ほどは、そんな使い物にならない連中だったということだ。さらに遡れば、入色だけで六〇〇名いた時も、やはりざっと一〇〇名ほどは使い物にならず、白丁一〇〇名の採用に踏み切ったのだろう。入色出身の春宮舎人の間には職務放棄がかなり蔓延《まんえん》していたのだった。

外任・白丁も仕えず

彼らの職務放棄とは「故なく上《つか》えず（無故不上）」、つまり正当な理由なく欠勤することだが、この不当な欠勤は実は入色だけの悪弊ではなかったのである。承和三年（八三六）、政府は春宮坊の要請を受けて、またもや春宮舎人についての法令を布告する。春宮坊はまず舎人の三種の採用枠（入色・外任・白丁）と定員を挙げた上で、次のように訴える。

「舎人たちは採用にあたっては、官人身分を得ようと競い合うが、採用手続きの勘籍《かんじゃく》（数度分の戸籍の照会）が終わって晴れて舎人になったとたん、職務を放棄する。そこで、春宮坊では、職務放棄した舎人に対し、本貫地《ほんがんち》（戸籍に登録されている所）に戻して還本する懲戒処分を行っている。ただ、その結果生じる欠員について、入色・外任の場合は補充できるものの、白丁の場合は以前定めた法令によって補充ができない」

春宮舎人の職務を放棄したのは入色だけではない。入色の定員を割いて採用枠を設けてきた白丁も外任も放棄したのである。政府の再三にわたる対処にもかかわらず、職務放棄の蔓延は舎人全体に拡《ひろ》がってきた感がある。

職務放棄した舎人は官人身分を剥奪の上、中央官界から本貫地に放還、それぞれ元の入色・外任・白丁に戻され、入色・外任枠では欠員が補充される。もっとも、いくら補充しても結局職務放棄の悪弊は収まらない。イタチごっこを続けるほかない。

しかし、白丁はそもそも欠員補充がない。それでなくても、真面目に勤務する者にも遷任《せんにん》（別の部署への異動）や病気・服喪による解任、死去といった入色・外任と同様の事由も発生するのだから、当初の定員一〇〇名は確実に減ってゆく。そこで、春宮坊は白丁の舎人でまだ叙位されていない者に限り、職務放棄で還本した場合は補充を認めるよう要請。これが認められたのである。

なお、白丁出身の舎人が原則欠員補充されないのは、白丁が官人となることを極力とどめ、その数を低く抑えておきたいからである。かつて白丁の春宮舎人をいったん廃止しようとしたのも同じ理由による。いわば総量規制が働くのだ。その規制は徐々に緩和せざるをえなくなるが、律令国家はそのようにして本来の下級官人たちの既得権益を守ろうとしたのである。

さて、中央官庁内でも、職務を一切遂行しない本格的なサボタージュが横行したことを見てきた。ただ、これは平安時代初期の事例である。だとすれば、その悪弊はやはり律令制の弛緩によるものではないか。そう思う読者もいるだろう。何ごとにつけ、制度の経年劣化は避けがたいと筆者も思う。

奈良時代中期の職務放棄

しかし、中央官庁での官人のサボタージュは、平安時代になって初めて発生したものではない。早い話、先に紹介した神亀四年（七二七）の内舎人・侍従らによる打毬事件も立派な職務放棄だ。ただ、これは一時的に職場を離れて球戯に興じたもの。さほど深刻ではない。この種の職務放棄は早くからままあったことだろう。

では、まったく職務に就こうとしない本格的なサボタージュは、平安時代以前にもあったのか。それは間違いなくあった。すでに奈良時代半ばには、中央官庁内で下級官人たちによる同様のサボタージュが発生していたのである。天平勝宝《てんぴょうしょうほう》四年（七五二）に布告された太政官符がそのことを物語る。

この太政官符は「諸司《しょし》の故なく上《つか》えざる者は本貫に放還すべき事（諸官庁内で職務を放棄する者は本貫地に追放すべきこと）」と題するもの。これからわかるように、この時期広く諸官庁内において、中央での官人身分を剝奪し本貫地に放還せざるをえない、そんな深刻な職務放棄が発生していたのである。

中身を見てみよう。官符の日付はその年十一月十六日。太政官は冒頭に同月五日に出された「諸官庁内で職務放棄する者は本貫地に放還せよ」との孝謙天皇の勅令を引き、次のように述べる。

「この勅令にもかかわらず、八省以下の官庁ではその主旨を理解せず、職務を放棄する官人を慣例に従い散位寮《さんいりょう》に下していると聞く。今後はそのようなことがあってはならない。勅令に従って本貫地に放還し、有位は外散位《げさんい》とし、無位は還本せよ」

勅令は「職務放棄するような官人は本貫地に返してしまえ」と命じたのに、諸官庁はみな守っていないという。それ自体由々しきことだが、職務放棄する官人の制裁については、おそらくは長年にわたる慣例があった。その慣例とは、該当者を解任して散位寮付きとすることだ。

解任は当然だが、散位寮付きとはどういうことか。散位寮は人事官庁である式部省の外局。

六位以下（無位を含む）で現在官職に就いていない者がここにプールされる。ここで下級官人たちは非常勤勤務を行って内考を継続できるのである。

諸官庁内で職務に就こうとしない下級官人たちは解任。だが、中央官人としての身分は保障し、散位寮での内考継続を認める。これが日本律令国家が八世紀半ばに至るまで慣例としてとってきた不良官僚への制裁であった。

そのような本格的な勤務放棄がいつごろから横行していたか。それはわからない。しかし、このような制裁が八世紀半ばにはすでに慣例となっていたとすれば、そのかなり前からそういう横行があったと見てよい。それはそうだろう。解任されても官人身分はそのまま。有位なら免税以下の特権を引き続き享受できるし、無位でもこれから有位となる機会はある。

季禄が支給される長上官なら話は別だが、下級官人の大半は番上官（長上官と番上官については三七〜三八頁参照）。一部を除き給与はない。毎月の食料（月料）は出るが、下級官人となるのは中下級豪族クラスや富豪層だから、食うには何も困らない。散位寮に所属して、時折仰せつかる非常勤の仕事をしていれば、内考は継続。官人身分は安泰である。

もっとも、散位寮にも定員があって所属できない場合もある。だが、その時は続労銭《しょくろうせん》というお金を納めればよい。それで内考継続である。お金で毎年の考（勤務評定）を買う仕組みだ。散位寮が毎年行う考の方も恐れるに足らない。そもそも有位（できれば八位以上）でさえあれば、大方位階の昇進に関心がない。

勤務先の官庁を職務放棄で解任され、散位寮に行かされたところで痛くも痒くもないのである。これでは、長上官を目指す一部を除けば、下級官人たちの間に職務放棄が横行しても不思議ではない。不良官僚でも官人は官人。その身分は散位寮付きの形であくまで保障する。ここにもまた、日本律令国家の緩い鷹揚な姿勢が顔を覗《のぞ》かせる。

本貫地放還も制裁不徹底

さすがに、このような姿勢をとり続けていては、官人たちの勤務放棄は止《や》むはずもない。こうして出されたのが、先の八世紀半ばの勅令とその遵守を命じた太政官符であった。その新しい制裁の主眼は、職務放棄する官人たちを朝廷から追い払い、本貫地に戻すことにある。不良官僚はもはや朝廷には置かない。中央官人としての身分は剥奪。毅然とした意思が示されたのだ。

しかし、この制裁にしても、徹底を欠くことは明らかだ。有位は本貫地で外散位となり、地方官人の身分が認められるからだ。たしかに、京を本貫とする京戸《きょうこ》以外は都落ち。内位を外位に変えさせられる屈辱もあるだろう。それでも、国衙《こくが》（国司が勤務する役所）や郡家で外考対象の官人として非常勤勤務し、免税以下の特権は温存される。また、無位も、本貫地で入色・外任・白丁に戻されはするが、地方さらには中央で再び官人身分に復帰する機会が奪われたわけではない。

その後、この制裁は、有位についてはより厳格なものとなる。本貫地に放還された有位は外散位ではなく、無位と同じく還本となったからだ。還本だから位階は剝奪され、免税以下の特権は失うことになる。承和三年（八三六）ごろ、春宮舎人の職務放棄に対して行っていた制裁はこれである。中央官庁は依然として職務放棄の悪弊を抱え続けていた。そのことが制裁の一層の厳格化を促したのだ。

写経生たちの無断欠勤

それでは、下級官人たちは職務放棄のためにどんな手を使ったのか。何の断りも入れず出勤しない文字通りの無断欠勤もあったと思われるが、多くは詐病による欠勤、そして何か虚偽を口実に取得した不正な休暇だろう。どちらも要するに、ズル休みである。詐病といっても、先の畿内郡司のように解任となるような深刻なものではなく、たとえば風邪《かぜ》のように短期の療養で恢復《かいふく》し、解任には至らない軽い不調を偽る仮病の類《たぐい》だろう。

正倉院《しょうそういん》に伝わる奈良時代の造東大寺司《ぞうとうだいじし》写経所関係の文書からは、詐病など、あの手この手で無断欠勤しようとする写経生《しゃきょうしょう》らの姿をうかがうことができる。写経所は国家事業である一切経《いっさいきょう》（仏典を集大成したもの）の写経を行う国家機関。写経生たちも下級だがれっきとした官人である。彼らは仕事の節目や特別の事由により、休暇願を写経所に提出して、数日程度の休暇を取ることが許されている。ところが、この休暇の期限を過ぎても出勤してこない写経生が少なくなかったのだ。

天平宝字四年（七六〇）九月二十七日付の「奉写一切経所経師等召文《めしぶみ》」と名付けられた文書には都合二六名にも上る無断欠勤者の氏名が列挙されている。全員、休暇の期限を過ぎても写経所に出勤してこなかった者たちだ。たとえば、その一人刑部真綱《おさかべのまつな》は九月二十一日以来七日間無断欠勤を続けているし、高市老人《たけちのおゆひと》などは役所の方がすでに「詐病により欠勤」と決めつけている。

もっと長期の無断欠勤を貪る剛の者もいる。淡海金弓《おうみのかなゆみ》という写経生は、ある年の四月十八日に五日間の休暇を取ったあと、休暇が明けても出勤せず、その後「五月十一日に突如病気になった」と称し、出勤できない旨の欠勤届を出している（馬場基《はじめ》説）。無断欠勤は少なくとも十七、八日に上る。「突如病気」による欠勤も怪しいものだ。

こういう下級官人たちの実態に宮仕えの悲哀を見る向きもある。無断欠勤や詐病は過酷な役所勤務に堪えかねた彼らがやむにやまれずとった窮余の一策であった、と。だが、馬場氏はそうではない。ずばり、「図太い」と評している。筆者も同感だ。なかなかしたたかな人々だった。本書の読者にはおわかりいただけるはずだ。

式部省の問い合わせ

さて、多くの下級官人たちが詐病や不正休暇で職務を放棄したらしいことは、大同二年(八〇七)、式部省が明法曹司《みょうぼうぞうし》(政府の法律専門家集団)に対して行った問い合わせからも、うかがうことができる。問い合わせとは、省内職員の運用についてであった。

「わが省では諸官庁に呼び出しを行うのは使部《つかいべ》の仕事である。もし、この使部が臨時に休暇を取ったり病気で休んで出仕しないときには、直丁《じきてい》に呼び出しをやらせてもよいか」

使部は、各官庁に配属された番上官。文字通り使い走りなど、雑用に従事する。主に位子が採用された。やはり、れっきとした官人である。一方、直丁は官人ではない。国司に命じられて上京し、各官庁に配属されて雑役に就く白丁である。その直丁を休んだ使部の代わりに呼び出しに使ってよいか。そう尋ねたのである。

これに対して、明法曹司の一員である明法博士《みょうぼうはかせ》の讃岐広直《さぬきのひろなお》は、次のように回答した。

「各官庁に配属されている使部は、養老令の規定によれば多数に上っている。その全員が病気だとか、臨時に休暇を取るなどということがあるだろうか。ただ、もしそういう場合には、便法として直丁を使い、呼び出しに支障がないようにすべきである」

式部省所属の使部は八〇名。そのすべてが病欠とか臨時休暇ということはまず考えられない。広直の言うことはもっともである。しかし、そんなことは明法博士に言われるまでもない。式部省自身、百も承知だ。八〇名もいるのだ。多少の欠勤があっても、残りでなんとかやり繰りすればよい。自明のことである。

それでもあえて式部省は明法曹司の回答を求めた。ここが重要である。おそらく当時、式部省では、使部の多くが病欠や臨時休暇によって欠勤し、省の業務に支障を来していた。それはわずか五名しかいない直丁の手を借りねばならないほどであった。だからといって、官人ではない直丁に官人（使部）の仕事を肩代わりさせるのは憚られる。式部省としては明法曹司から「もしもの場合は、肩代わりやむなし」とのお墨付きが必要だったのである。

式部省の使部が揃いも揃って病欠や臨時休暇で欠勤したとすれば、それはむろん偶然ではない。そのほとんどは詐病や不正休暇による職務放棄と見るべきだ。式部省もそのことに気付いてはいただろう。

しかし、今日のように医師の診断書があるわけではない。当人が症状を訴えれば、それを否定することは難しい。国元の母親の看病のため休暇を取りたいと言われれば、その真偽を確かめるのにひどく手間もかかる。いきおい受け容れざるをえなかっただろう。

事ほどさように、長年人事官庁として絶大な権限をふるった式部省でさえ、そして官人たちを擁護することの多かった式部省でさえ、おのが省内に発生した職務放棄には手を焼くありさまだった。その他の官庁は推して知るべしである。

5　国家的祭祀に集まらない

全国諸社の祝が来ない

ここでは、これまでとは少し違う角度から官人たちの職務放棄を取り上げてみたい。律令国家が催した祭祀《さいし》における官人の職務放棄である。

日本律令国家は神祇《じんぎ》をいたく重視した。神祇とは天神地祇《てんしんちぎ》のことで、古来自然神として信仰されてきた日本列島固有の神々である。それらの神々は律令国家においては社《やしろ》で祀《まつ》られた。その神祇祭祀を担ったのが祝《はふり》と呼ばれる神官である。祝は国家により任用され考選の対象ともなったから、神祇祭祀という特殊な職務を負ってはいるが、身分は官人である。全国諸社に置かれた。一社に少なくとも一名、多い場合は二、三名置かれていたと考えられている。

この祝の重要な職務の一つが班幣《はんぺい》の受領である。毎年宮廷で行われる祈年祭《としごいのまつり》（二月）、月次祭《つきなみのまつり》（六月・十二月）、新嘗祭《にいなめのまつり》（十一月）の重要祭祀では、神祇祭祀を統括する神祇官から諸社の祝に幣帛《へいはく》（絁《あしぎぬ》などの供物《くもつ》）が班給されることになっている。祝はそのために上京し、受領した幣帛をめいめい持ち帰って神々に奉納するのである。祭祀を主宰する天皇は、この班幣を通じて全国諸社の神々に豊穣《ほうじょう》や安寧を祈願し、収穫に感謝する。祝の責任は重大だ。

ところが、その祝が祭日になっても中央に上って来ない。重大な職務放棄である。宝亀《ほうき》六年(七七五)には、この祝の職務放棄に対処する太政官符が出されている。当時の右大臣大《おお》中臣清麻呂《なかとみのきよまろ》が次のように命じているのだ。

「班幣の際、諸社の祝が神祇官に参集しない。あってはならないことだ。もし、祝たちが改《かい》悛《しゅん》せず不参を繰り返す場合は、速やかに解任して他の者に替えよ」

ちなみに、大中臣氏はもと中臣氏。古来、神祇祭祀をつかさどってきた名族だ。当時の祝たちの職務放棄に、清麻呂もさぞ苦々しく思っていたことだろう。

祝たちの怠慢

なぜ参集しないのか。祝《はふり》たちは国元と都を年に四度も往還することになる。遠国の祝たちにとって、その労苦は相当だったはずだ。政府もそのことには配慮して、後年、国元の方で幣帛を準備する便法をとったり、一部の国々については、調や計帳を進めるために上京して来る国司に、ついでに持たせて帰すといった方法も導入した。

しかし、それでも政府は基本的には祝の参集にこだわる。天神地祇の最高の司祭者である天皇からの班幣。それを諸社の祝が直接受け取る。そのことに意味があったのだ。往還の労苦には時として配慮し妥協もするが、不参はあくまで怠業とみなした。

そもそも政府は、祝の不参がすべて往還の労苦によるとは思っていない。都に近い畿内や近江の祝たちも参集しなかったからだ。

弘仁八年（八一七）、神祇官は祝の不参について太政官に訴える。

「祝たちが怠慢を決め込んで、わが神祇官前庭《ぜんてい》にやって来ない。われわれも再三にわたり参集せよと指導してきた。しかし、彼らの怠慢は常習化し、こちらの指導に従おうとしない。その結果、神祇官の倉庫には引き取り手のない幣帛が一四二裹《つつみ》分、そっくり残されているありさまである」

そして、神祇官はこのような祝は「有位・無位を問わず、還本すべきである」と要請した。結局宝亀六年（七七五）の法令（官符）は、効果をあげるには至らなかった。だから、弘仁八年、神祇官は解《げ》を提出し、制裁として、それまでの解任だけではなく、さらに還本まで要請したのだ。

これを受けて出された官符の中で、時の右大臣藤原園人は嵯峨天皇の勅命を次のように伝える。

「幣帛をもって神々のご意思を伺う恒例の祭祀は、汚《けが》れのない真心で務めねばならない。だから、この祭事に欠怠するような輩《やから》は刑罰を科すべきだ。立て札に欠怠禁止の理由を詳細に記して要路に掲げ、愚か者どもに悟らせて二度と間違いを犯すことがないようにせよ。それでもなお従わない者は解任し還本せよ」

不参の祝に対して、嵯峨は怒りを顕《あらわ》にしている。往還の労苦だけが理由ではない、まったくの怠慢による職務放棄もある。そのことを知っているのだ。

職務放棄する祝

祝もしたたかである。このような職務放棄は、宝亀六年法により即解任である。それを承知しながら、参集しないのだ。中には解任されてもかまわないという連中もいた。すでに述べたように、還本でさえなければ、官人身分は保障されたからである。

祝の職務放棄は中央での班幣に参集しないことだけではない。務める神社の清掃・修理を怠り荒廃に任せたことも、ろくに神事を斎行しないことも知られている。神々への崇敬を著しく欠く。およそ祝たるにふさわしくないものだ。

神祇祭祀は日本律令国家特有の宗教的イデオロギーと言われ、天皇が全国諸社の祝を媒介に人々を宗教的イデオロギーで支配したとする学説もある（西宮秀紀説）。政府が班幣に際して祝の参集にこだわった点もこの学説で説明できそうだ。

しかし、肝心の祝が天皇からの班幣を受け取りに参集しない。神社も荒れ放題、神事もまともに行わない。こんな開き直ったような重大な職務放棄を見せられると、建前はどうあれ、実際にはとてもそんな支配が行われていたと思えない。

祝は神職ではあるが、結局官人なのである。その官人身分が保障されるなら、たとえ天皇ともつながる重大な職務であっても、平然と放棄する。その点では、これまで見た他の下級官人と何ら変わりはない。

さて、弘仁八年の法令（官符）で、班幣の場に参集しない祝たちは、解任だけではなく還本処分となった。官人身分の剝奪である。では、これで彼らはみな、畏まって参集するようになったか。どうやら、そうはならなかったようなのだ。

最初の不参は還本せず

弘仁八年法からおよそ五〇年後の貞観《じょうがん》十年（八六八）、当時『貞観格《きゃく》』の編纂に当たっていた撰格所《せんきゃくしょ》が太政官に対し、班幣に参集しない畿内と近江の祝《はふり》について一通の要望書を提出した。まずは驚くべきことに、こう現行法を批判している。

「弘仁八年法によれば、たった一度の欠怠で、永久にその任を解かれることになる。この制裁は厳しすぎる。道理にもまったくかなっていない」

そして、以下のように制裁の緩和を求める。

「まずは、上祓《かみつはらえ》を科す。これによって、今後の欠怠を防ぐのである。もし、これで改悛せず再び欠怠した場合は、還本を科す」

つまり、初犯でいきなり官人身分を奪うのではなく、とりあえずは上祓を納めさせ、再犯ではじめて官人身分を奪うというものだ。古代では、神事・神域において欠怠・過誤のツミを犯した者は祓物《はらえつもの》を各種揃えて納める制裁があった。これによって「ツミをハラフ」のである。上祓は重要祭祀の欠怠などに適用される上から二番目に重い祓物。大刀《だいとう》一口以下全二六種の物品を納めねばならない。祝の班幣不参にもこの制裁を適用しようというのだ。

この時代でも畿内・近江の祝たちは相変わらず、神祇官への参集を義務付けられている。参集を欠怠すれば制裁は還本。これが厳しすぎると撰格所は断じた。もし、還本が祝たちの不参に効果をあげていたのなら、このような判断は生まれない。結局、効果はなかったのだ。撰格所の判断は現実的である。「一度目の参集怠業には目をつぶろう」と言っているのだ。畿内・近江の祝の多くは参集しようとしない。そんな実態に立脚した判断だ。

彼らには、往還の労苦があるわけではない。それでも参集しない。これを咎めて還本しても、後任もまた不参。彼らの多くは還本しても、位子や外任だ。祝復帰は無理だが、別の形で官人身分を取り戻す機会もある。むしろ、祓物という名の経済的制裁の方が効果を期待できるのではないか。そもそも神事にかかわる怠業だから、道理ではこちらの方が筋でもある。

この撰格所の要望は認められ、太政官より新たな法令が出された。しかし、効果のほどははなはだ疑わしい。祝の多くは在地の豪族や富豪層である。上祓のような経済的制裁でいかほどダメージを与えられただろうか。もっとも、神職にふさわしい制裁ではある。祝としての自覚を促す効用はあったかもしれない。

たしかに、政府はこのように諸社の祝に対し、神職としてその職務を誠実に果たすことを求めてきた。しかし、笛吹けど踊らず。祝たちの多くは、折々に政府の繰り出す制裁をものともせず、班幣参集など重要職務を放棄した。そもそも、全国諸社の祝が天皇による宗教的イデオロギー支配の尖兵《せんぺい》だとしたら、その重大な職務放棄の制裁として、解任や還本、祓物はいかにも緩いのではないか。繰り返し述べてきたように、律令国家の怠業官人に対する制裁はおおむね緩い。それにしても、宗教的イデオロギー支配なるものは実体として存在したのか。筆者はやはり疑問だと思っている。

第四章　古来勤勉ではなかった官人たち

1　時間にルーズな官人たち

大派王の進言

儀式には無断欠席し、自分の職務は放棄する。律令官人はお世辞にも勤勉とはいえない人々だった。現代の日本人は世界でも屈指の勤勉で知られるが、これを単純に古代の官人たちに投影することはできない。

律令官人は当初勤勉だったが、時代が経つにつれて勤勉ではなくなったというのも間違いだ。勤勉を強要する儒教的社会規範がないのに、当初から勤勉だったはずはない。古来官人たちは決して勤勉ではなかった。この章では、そのことをさまざまな角度から見てみよう。

勤勉といえば、今でも早朝出勤のイメージと結びつきやすい。実際、古代中国では政治は早朝に行われるものとされた。朝廷や朝政という古代の政治機構や政治そのものを表す漢語に「朝」がつくのはそのためだ。

古代のわが国でも、政治は早朝に行われるものとする観念があった。その観念は脈々と現代にも伝わっている。さすがに早朝ではないが、祝儀・不祝儀をはじめ私たちにとっても身近な儀式の多くが午前中に執り行われるのはその名残《なごり》だろう。

しかし、古代日本に「政治は早朝」という観念があったからといって、当時の官人たちが勤勉であったわけではない。面白いエピソードがある。

時代は舒明《じょめい》天皇八年（六三六）に遡る。舒明は推古天皇の死後、蘇我氏によって擁立された天皇である。この年七月、敏達《びだつ》天皇の孫で大派王《おおまた》という人物が、舒明を支える当時の最高権力者、大臣《おおおみ》の蘇我蝦夷《えみし》に次のように進言した。

「群卿《ぐんけい》も百寮《ひゃくりょう》もみな、出勤態度が弛《ゆる》みきって怠慢である。今後は卯《う》の刻の始め（午前五時）に登庁、巳《み》の刻の終わり（午前十一時）に退庁とし、鐘で時刻を知らせることにしたらどうか」

「群卿」はマヘツキミと呼ばれる重臣層（上級豪族）、「百寮」は一般官僚層（中下級豪族）をさす。大派王は上下を問わず、当時の朝廷を構成するすべての臣下が「時間にルーズ」だと嘆いているのである。

舒明八年といえば、憲法十七条制定から三〇年余り。十七条は「官僚の心構え」を説いた時期尚早の訓令だったが、その第八条には第一章でも紹介したように、「群卿百寮、早く朝《まい》りて晏《おそ》く退《まか》れ（重臣も一般官僚も早く登庁して遅く退庁せよ）」とあった。すでに十七条制定時から重臣も一般官僚もみんな時間にルーズで怠慢であったらしいことがわかる。だが、右の訓令の甲斐なく、そのありさまは三〇年後も何一つ変わっていなかったのだ。

むろん、一部にはこれではまずい、こんなことでは中国のような強大な専制君主国家にはなれないと憂える人々もいた。経歴は不明だが、大派王もその一人だ。登庁・退庁の時刻をきちんと定め、それを朝廷の臣下たちに周知させる方法まで進言している。

この進言を受けた大臣蝦夷は当時最大の権勢を誇った蘇我氏の族長である。蘇我氏は天皇家を蔑《ないがし》ろにする専横の振る舞いが過ぎて、のちに中大兄皇子らによって滅ぼされたことでよく知られている。そのためか、世評では悪名高いが、当時の畿内の大豪族の中では、いち早く仏教受け容れを推進するなど、学界ではむしろ当代きっての開明派と評価されている。

その開明派の蝦夷だから、大派王の進言はすんなり認めそうなものだ。もう一つ。先の憲法十七条を制定した聖徳太子は、蘇我氏の血を濃密に受けた蘇我系の皇子であり、その治世を助けたのは大臣蘇我馬子《うまこ》、すなわち蝦夷の父であった。十七条の訓令は太子と父の代からの遺訓でもあるのだ。この点からも、王の進言は異論なく認めそうなものである。

大臣蝦夷の却下

だが、その蝦夷はこれをにべもなく却下するのである。始業・終業時刻を定め、時報で知らせる。今なら労務管理の初歩の初歩。しかし、蝦夷は「そんなものはわが朝廷には必要ない」と退けたのだ。指摘された重臣・官僚たちの勤務姿勢の怠慢など、あえて問題とするに及ばないと判断したのである。

開明派で、しかも太子と父の代の遺訓を承知する蝦夷ですら、この程度の認識だった。他のほとんどの重臣・官僚たちは推して知るべし。誰も自分たちが時間にルーズで怠慢などと思っていない。

ただ、その後、大化三年（六四七）、改新政府は、さすがに登庁・退庁時刻を定め、鐘で時報を知らせることとも行うこととした。中央集権的な官僚機構の建設を目指す中で、官僚の労務管理にも気を配り始めたのである。これは当然、律令時代に入ってからも続く。ただし、時報は鐘ではなく、鼓《こ》（太鼓）を用いるようになる。

登庁・退庁時刻は時代により多少の変動があるが、おおむね日の出後の六時過ぎに登庁、正午前に退庁となった。大派王の提案した時刻よりわずかであるが後ろ倒しになっている。時間にルーズで怠慢な重臣・官僚たちの実情に配慮して調整した結果かもしれない。しかし、登庁・退庁時刻はそのように定まっても、彼らが時間にルーズで怠慢であるという古来の傾向は、その後も劇的に改善されたわけではない。

大化三年に登庁・退庁時刻などを定めたとき、面白いのは登庁時に遅刻した者の扱いについても定めている点である。このときの宮は小郡宮《おごおりのみや》（大阪市中心部）。登庁者は所定の時刻までに宮の南門外に整列し、日の出とともに宮内に進み自分の役所に向かうのだが、遅刻した者は宮内に入ることすら許されない。むろん、役所で勤務することもできない。

わざわざこんな規定を設けねばならなかった理由はおわかりと思う。蝦夷が大派王の進言を却下してから一〇年余り。相変わらず時間にルーズで怠慢な官僚たちがたくさんいたのである。宮には天皇が出御している。そのことを承知の上で遅刻してくるのである。

その制裁として、宮廷から締め出し仕事をさせないという。これは怠慢な臣下の姿を天皇の目にふれさせないということだ。同時に、一種の名誉刑でもある。怠慢な官僚に屈辱を与える狙《ねら》いがあった。ただ、肉体的な苦痛や大きな不利益はない。すでにこのころから怠慢な官僚たちへの国家の対応は緩いのである。

さて、先に嵯峨天皇時代の少納言が請印奏上に遅刻したり（一〇三～一〇五頁）、仁明朝の公卿が弁官申政の刻限に遅れたり（一〇一～一〇二頁）したことを述べた。これらも結局は、時間にルーズで怠慢という往古の官僚の悪しき傾向を平安時代にまで引き継いだものだ。

宴席への遅刻

ここではさらに、少し変わりダネだが、宴席への遅刻の事例も紹介しておこう。承和三年（八三六）九月、内裏の正殿紫宸殿で酒宴が催された。時の仁明天皇が侍臣《じしん》に限って出席を認めた公宴である。侍臣とは天皇に近侍する五位以上の近臣。公卿や侍従、皇太子時代の春宮坊官人たちで、日ごろから天皇に近しい人々である。紫宸殿には、むろん主催者の仁明天皇も出御している。

ところが、天皇と侍臣だけの酒宴が開かれるというのに、この日の紫宸殿周辺は妙に物々しかった。天皇最側近の武力組織である近衛府《このえふ》の官人たちが動員されていたからだ。動員先は内裏内の敷政門《ふせいもん》と日華門《にっかもん》。通常、官人たちが参内して紫宸殿に向かう場合、内裏外郭東門の建春門《けんしゅんもん》から入り、内郭東門の宣陽門《せんようもん》を経て、この敷政門もしくは日華門を通ってゆく。両門は酒宴が催される紫宸殿に通じる門であった。

では、なぜ両門に近衛府官人が配置されたか。それは侍臣たちの中に、この酒宴の刻限に遅刻したにもかかわらず、途中からいきなり宴席に入り込もうとする者がいるからだ。天皇主催の公宴だが、これに平然と遅刻してくる無礼な貴族たちである。遅刻常習者のような連中もいたのだろう。近衛府官人たちはそういう不心得者を両門で待ち構え、制止する役割を

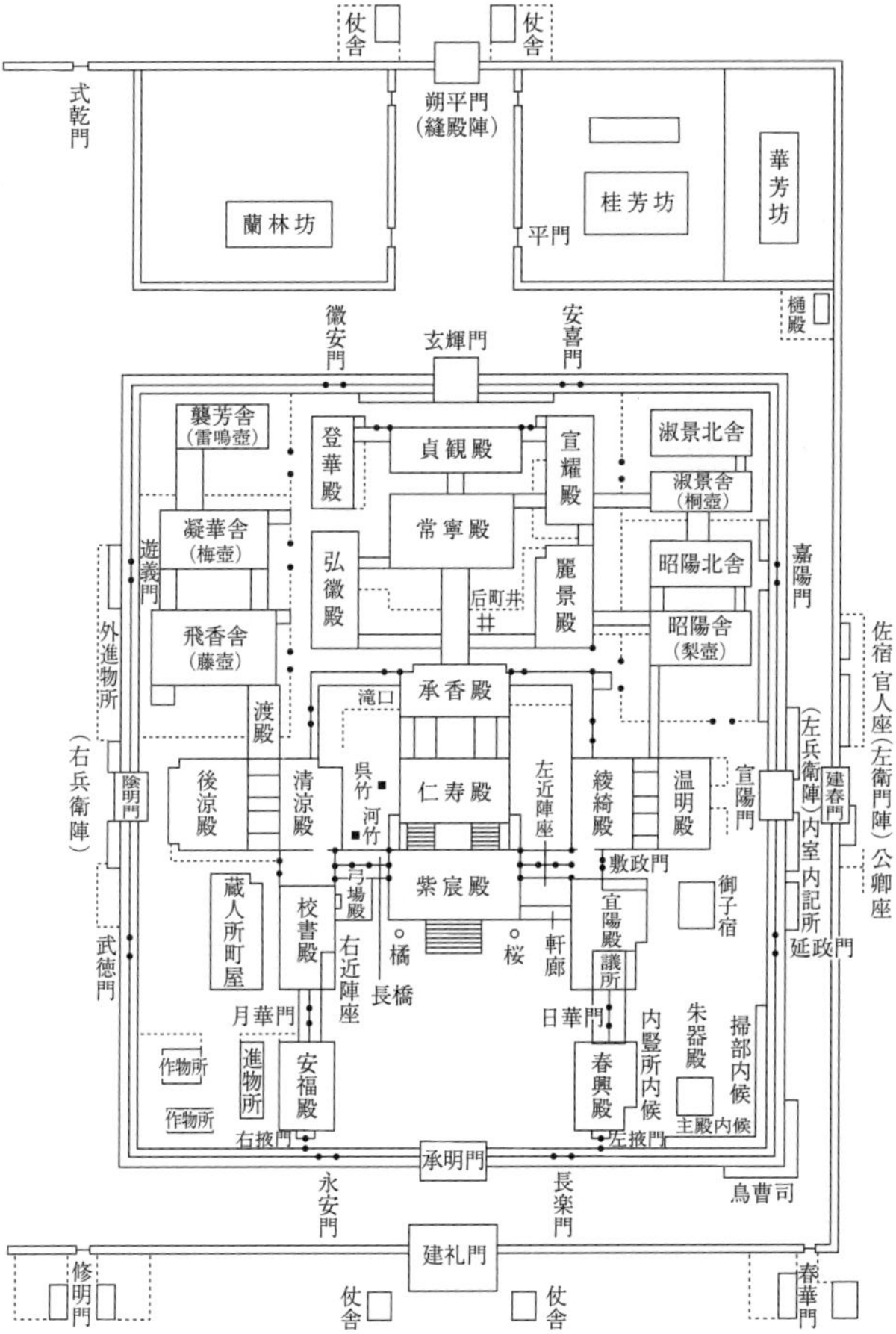
仗舎
仗舎
式乾門
朔平門
（縫殿陣）
蘭林坊
桂芳坊
華芳坊
平門
樋殿
徽安門
玄輝門
安喜門
襲芳舎
（雷鳴壺）
登華殿
貞観殿
宣耀殿
淑景北舎
淑景舎
（桐壺）
凝華舎
（梅壺）
常寧殿
遊義門
弘徽殿
后町井
麗景殿
昭陽北舎
嘉陽門
飛香舎
（藤壺）
昭陽舎
（梨壺）
外進物所
佐宿
官人座（左衛門陣）
承香殿
滝口
渡殿
（右兵衛陣）
陰明門
後涼殿
清涼殿
呉竹
河竹
仁寿殿
左近陣座
綾綺殿
温明殿
宣陽門
（左兵衛陣）
建春門
内室
公卿座
敷政門
紫宸殿
弓場殿
蔵人所町屋
校書殿
御子宿
内記所
橘
桜
軒廊
宜陽殿
議所
延政門
武徳門
右近陣座
長橋
月華門
日華門
内豎所内候
朱器殿
掃部内候
作物所
進物所
安福殿
春興殿
作物所
右掖門
左掖門
主殿内候
承明門
永安門
長楽門
鳥曹司
建礼門
修明門
仗舎
仗舎
春華門

図表８　平安宮内裏図

命じられたのだ。

遅れてきて宴席にはもぐり込もうというのは、明確な目的あってのこと。むろん、その目的は酒食ではない。天皇主催の公宴では、最後に出席者に対して恩賜の品が与えられる。この日も真綿が下賜された。遅刻して宴席に着く者の目当てはこの下賜品である。これさえもらえばよいという料簡《りょうけん》で、酒宴の最初から出席することはせず、宴たけなわを過ぎてそろそろお開きという頃合いを見計らい、ようやく宴席に顔を出す。天皇の御前であることなど意に介さない。

読者はこの厚かましさには憶《おぼ》えがおありだろう。元日朝賀儀に無断欠席しておきながら、同日直会《なおらい》として行われる節会には出席してちゃっかり節禄をせしめる。やはり五位以上であった。延暦二十一年(八〇二)以前にすでに問題となっていた厚顔無恥な振る舞い。これと同根である。

天皇主催の公宴は儀式ではないが、謝座・謝酒といった礼法をとることを求められる。場合によっては、これも前に紹介した御酒勅使《みきのちょくし》を仰せつけられるかもしれない。そういう煩わしい面倒なことは避け、しかし、いただく物はしっかりいただく。

生真面目に刻限を守って所定の場所に参上し、天皇臨席の下、礼法に則《のっと》って酒食をありがたく頂戴《ちょうだい》したい、などとは微塵《みじん》も思わない官人たちが実際にいたのだ。しかも、五位以上の侍臣の中にである。さらに驚くべきことに、それは大臣以下の公卿にもいた。近衛府官人が配置された両門のうち、敷政門は実は主に大臣以下公卿が使う門だった。

さすがに、このような厚かましさは天皇の目に余ったのか。あるいは良識ある公卿の憂えるところとなったか。宴席への遅刻参入を近衛府に命じて実力で阻止することにしたようだ。しかし、酒宴開始の刻限をまったく無視し、都合のいい時間に、下賜を目当てにやって来る。古来の「時間にルーズで怠慢」な傾向は、こういう酒宴の場にも引き継がれていたのである。

2　学ぼうとしない官人たち

匍匐礼・跪礼・立礼

何事であれ、古くから伝わり身体に染み込んだ慣習というものは、なかなか捨て去ることはできない。これに代えて、たとえば、まったく新しい所作や作法をとるよう命じられても、それをわが物とするには意外に時間を要するものだ。

しかし、命じられて毎日その所作・作法を実践しなければならない立場の者は、そんなことも言っていられない。意識して習得に努め、時につい旧慣に戻ることはあってもこれを乗り越え、なんとか身体に馴染ませて新たな慣習とする。そうしてゆくほかない。

古代日本の官人たちにとっては、宮廷での礼法がこれにあたる。『日本書紀』によれば、憲法十七条が制定された推古十二年(六〇四)、その礼法の改正が行われた。

「宮門を出入りする際は、両手を地面につけ、両足は跪《ひざまず》いて進み、門の梱《しきみ》を越えよ。宮内に入ったら立って行け」

この時の朝廷は小治田宮《おはりだのみや》だったから、ここでいう宮門とは小治田宮の門である。その宮門の梱を越える礼法は、私たちから見るとたいへん異様だ。四つん這いで進むこの礼法は、匍《ほ》匐礼《ふくれい》と呼ばれるもの。わが国固有の古礼である(新川登亀男説)。

改正の主眼はむしろ後半で、宮廷内においては立ち上がって行けとは、立ったままの礼、つまり立礼を行えと言っている(橋本義則説)。そこが新しい。立礼は大雑把にいえば、現代の私たちも普通にやっている。立ったままお辞儀をする礼法である。

しかし、これはもともとわが国にはなく、おそらく遣隋使が中国から持ち帰って伝えた礼法である。当時の日本では匍匐礼のほかに、その場で跪いて半立ちとなる跪礼《きれい》があった。これは本来は中国由来だが、おそらくは朝鮮半島より伝わった、立礼より古い礼法である。

遣隋使一行が実地で官僚たちを見て得た知見は、憲法十七条に生かされただけではない。この立礼の導入にもつながったのだ。いちいち四つん這いになったり、両膝《りょうひざ》をついたりする母国にくらべ、立ったままお辞儀をする隋帝国の礼法はスマートで端然としている。無駄なくキビキビと立ち働く強大な隋帝国の官僚たち。その端正な所作を遣隋使たちは心眼に焼き付けて帰朝したのである。

もっとも、だからといって宮廷礼法のすべてを立礼に改めることはできなかった。宮門の出入りに限っては、旧来の匍匐礼を残した。別に跪礼も行われたようだ。長年にわたって行われてきた礼法を一挙に改めることは容易ではない。

立礼の全面採用

礼法をすべて立礼としたのは、これから四、五十年後、孝徳天皇の時代（六四五～六五四）になってからだ。中国的な中央集権的官僚機構の形成を目指した大化改新期。その礼法も全面的に中国に倣ったのである。

孝徳が建設した難波長柄豊碕宮《なにわながらとよさきのみや》は、すでにふれたように、それまでの宮とは隔絶した壮大な宮殿である。いかにも古俗の匍匐礼や跪礼は、たとえ限定的であれ、もはや時代遅れで新宮殿にふさわしくない。宮廷礼法はここに一新され、全面的に立礼が用いられることになった。

ところが、それから三〇年ほど経った天武十一年（六八二）、天皇の勅命が下る。

「これからは跪礼も匍匐礼も用いてはならない。孝徳天皇のときの立礼を用いよ」

すでに全面的に立礼となって久しいはずだが、まだまだ宮廷内では跪礼も匍匐礼も用いられていたのだ。

これにはこういう事情もあるだろう。それは、白雉《びゃくち》五年（六五四）に孝徳天皇が亡くなり、重祚した斉明がいかにも立礼の似つかわしかった長柄豊碕宮（前期難波宮）を捨て、飛鳥のこぢんまりとして、匍匐礼や跪礼が染み付いた故宮に戻ってしまったことである。天智の近江大津宮も天武の飛鳥浄御原宮《あすかきよみはらのみや》も長柄豊碕宮にくらべれば小さい。それでなくても、人間は長年の慣習から脱することは難しい。旧慣が息を吹き返しやすい環境ならば、なおのことである。

だがそれにしても、立礼導入から実に八〇年、全面立礼となってからでも三〇年だ。三〇年といえば、当時は一世代以上の年数である。立礼導入以前の匍匐礼・跪礼だけを身に染み込ませてきた人々はすでに世を去っている。今はそれらの人々の子や孫あるいは曽孫《ひまご》の世代。最初から新しい礼法（立礼）を用いるよう命じられ、日々実践すべき人々である。

古俗の礼法に泥む官人たち

その彼らが、天武朝になっても、まるで先祖返りのように、やおら四つん這いになって前に進んだり、立ち止まっていきなり両膝をつく。禁じられて久しい古俗の礼法がしぶとく生き残るのはなぜか。

古来の慣習から脱することはかくも困難だった。宮廷礼法の改正については、つねにこのことのみが語られるが、筆者には得心がいかない。何より数十年もの時が経っている。官僚たちも何世代か替わっているのだ。にもかかわらず、旧慣に泥《なず》んだまま、自ら進んで新しい礼法を身につけようとはしなかった。むしろ、そう考えるべきではないか。とくに下級の官僚たちは守旧的だ。かつて、冠位十二階についても、進んで受けようとはしなかった。

立礼も実はただ立ったままお辞儀をすればよいというものではない。お辞儀の仕方にも、への字形に深く腰を折る「磬折《けいせつ》」、軽く上体を前に傾ける「揖《ゆう》」、二度拝礼を繰り返す「再拝《さいはい》」などいくつかある。場面や相手に応じて、使い分けるのである。

造作ないように見えても、その気になって習得しなければ、咄嗟《とっさ》の際に適切な所作はとれない。切羽詰まって、思わず四つん這いになったり、慌てて両膝をついてしまう。そんな失態もあっただろう。父祖に叩《たた》き込まれ、宮外ではなお用いられていた古俗の礼法が、宮内でもこうして顔を覗かせるのである。

国家の怠慢

むろん、責めは官僚の怠慢だけにあるのではない。孝徳天皇の命じた全面立礼を三〇年経っても達成できなかった。その間の国家の側の怠慢も見過ごせない。ことに、天武天皇の責任は重い。中国的な専制君主を目指したはずの天武。その彼が古来の匍匐礼や跪礼を一〇年以上にもわたって排除できなかった。いったい何をしていたのか。放置していたか、対処したとしても寛容で緩慢なものであったに違いない。ついには見かねて、改めて中国的立礼の徹底を命じる勅命こそ発したが、この勅命にしても違反者への処罰にはふれていない。

官人たちは積極的に立礼を身につけようとせず、国家の側も、専制君主の天武ですらこんな調子で、厳しく対処しなかった。だから、問題の匍匐礼と跪礼は、実はこのあとも宮廷内にしぶとく生き残るのである。『続日本紀』によれば、天武の勅命から二〇年余りのちの慶雲元年（七〇四）正月の記事に、「百官の跪伏《きふく》の礼を停《とど》む」とある。これがその間の消息を物語る。宮廷内では跪伏の礼（跪礼と匍匐礼）がいまだに行われていたのだ。孝徳がこれらの礼法を禁じてから、実に五〇年以上が経過している。右の記事は天武の孫、文武《もんむ》天皇が改めて詔《みことのり》を下して命じた禁令である。

時の宮廷は藤原宮。天武の生前から計画された藤原京の宮である。藤原京はわが国最初の碁盤の目状の都城で、中国の『周礼《しゅらい》』冬官考工記《とうかんこうこうき》に基づくと言われる。『周礼』は中国歴代の王朝が理想とした周の制度を記したもの。だから、藤原京は中国理想の都城を意識して造られた帝都なのだ。藤原宮はその中央真ん中に位置した。

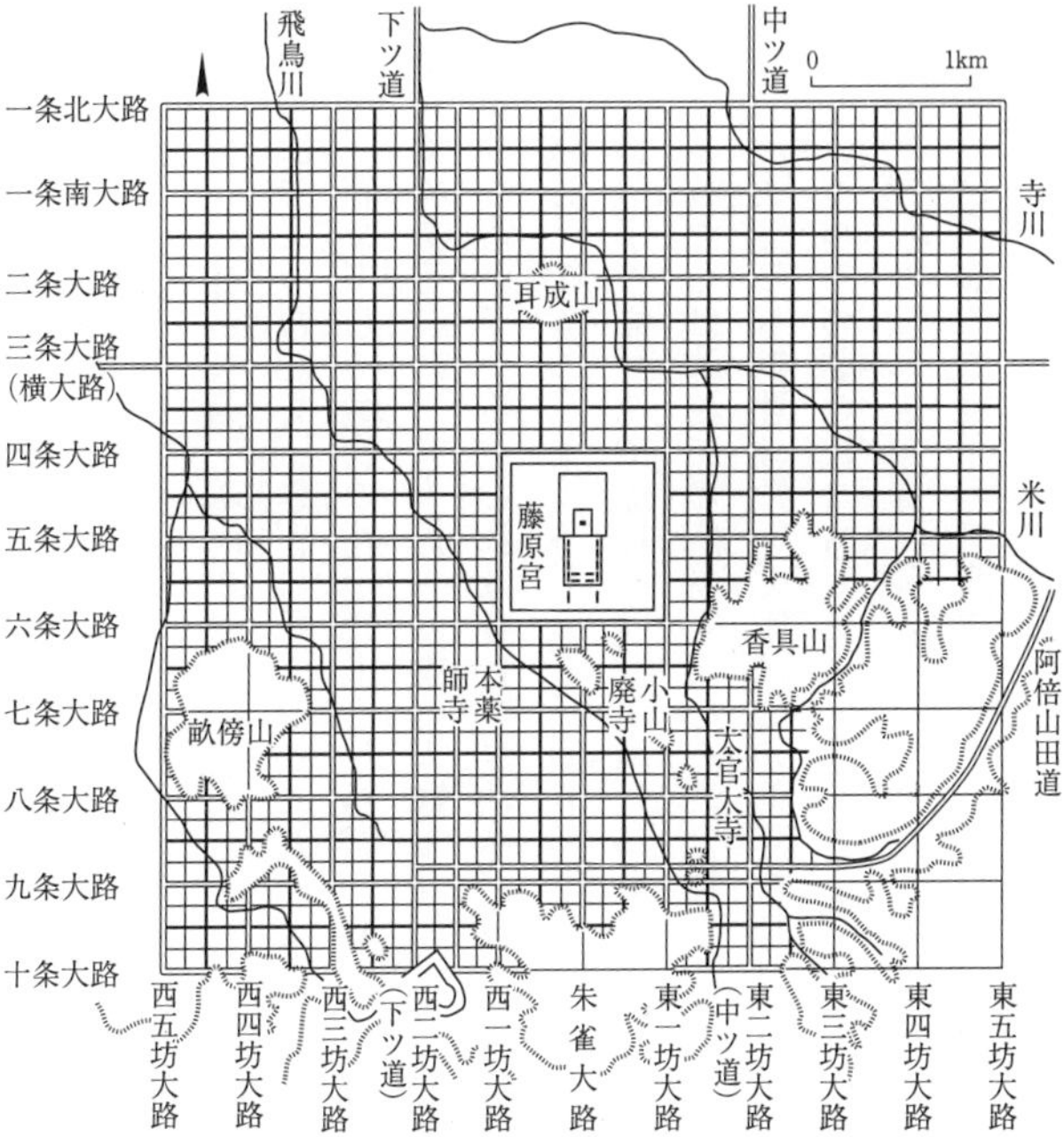

図表9　藤原京図

その藤原宮内で、朝堂院の規模は古今随一。難波長柄豊碕宮のそれと比較すると、東西幅こそやや小さいが、南北幅ははるかに大きい。のちの平城宮・平安宮をも凌駕《りょうが》する規模だ。そんな中国を意識した壮大な藤原宮の中にあって、あろうことか、依然として四つん這いで前に進んだり、両膝をついてみせる「百官」がおおぜいいたのである。

この「百官」は主に六位以下の下級官人たちだ。彼らの守旧性もここまでくると、いっそアナクロニズムというべきか。それにしても、学ぼうとしない人々である。加えて、二〇年前の専制君主の勅命に唯々諾々と従うこともしなかった。ならば、今回の文武の禁令だって、すんなり従ってくれるような人々ではないだろう。

案の定、それからおよそ四年後の慶雲四年（七〇七）十二月、文武を継いだ祖母の元明《げんめい》は改めて次のような詔を下さざるをえなかったのである。

「先年、詔を下して跪伏の礼を禁止したが、今聞くところによると、内外諸官庁の前は本来厳粛な場であるのに、官人たちは誰一人顧みない。立ち居振る舞いは礼法に反し、応答の仕方は規則に背いている。これは各官庁が秩序を敬わず、礼節を忘れてしまったことによる。今後は厳しく糺弾《きゅうだん》を加え、官人たちの悪しき習俗を改め、淳朴《じゅんぼく》な美風に従わせるように」

相変わらずの匍匐礼や跪礼の横行。あたかも禁令などなかったかのようだ。礼法だけではない。官人たちは政務での応答も決められた通りにはできない。元明はそう嘆いている。

元明が嘆くのも無理はない。実はこの前年の三月にも、孫の文武は詔を下していた。礼に反するいくつかの問題に言及しているが、官人たちの「容儀」（立ち居振る舞いや態度、身なり）についても、礼にかなっていないと批判している。しかも、このときすでに、人事官庁の式部省と兵部省に摘発と処罰を命じているのだ。しかし、その甲斐もなく、翌年十二月の詔となった。学ぼうとしない官人たち、従おうとしない官人たちを相手に、両省がどこまで厳しい態度で臨んだか。筆者ははなはだ訝《いぶか》しく思っている。むろん、翌年十二月の詔も効果のほどは疑問だ。

八世紀初頭において、礼法を含む官人たちの礼の実践がこのように嘆かわしいものであったとすれば、第一章で述べた元日朝賀儀も、「律令制当初は官人たちがみな怠けることなくこぞって出席し、整然と一糸乱れぬ拝礼と拝舞を行っていた」などとは、とても想像できない。そのことはおわかりいただけるだろう。

なお、朝廷から跪伏礼が完全に姿を消し、ようやく立礼のみとなるのは実に九世紀に入ってから、弘仁九年（八一八）のことであった（大隅清陽説）。

所作を憶えず朝賀儀に出席

さて、ここでは律令制以前から草創期、初期にかけての「学ぼうとしない官人たち」について述べてきたが、そういう官人たちの怠慢は平安時代に入っても顕著に認められる。それも、やはり右の元日朝賀儀に登場するのだ。早速紹介しよう。

元日朝賀儀の無断欠席については、すでに述べたように、弘仁七年（八一六）になって、それまでの五位以上に対する三節への出席禁止に加え、新たに六位以下に対して春夏季禄没収が制裁として定められ、一応の効果をあげたようだ。しかし、今度は別の困った問題が浮上してくる。

一年半後の弘仁九年(八一八)、嵯峨天皇が発した勅命にそれが見える。

「近年、賀正の臣(朝賀出席者)は礼式を諳《そら》んじて臨むべきであるのに、諳んじていない。そのため、儀式中の進退挙止を間違え、威儀を大いに損なっている。しかも、それがすでに慣例となってしまい改まらない」

むろん、朝賀儀はただ出席すればよいというものではない。儀式の進行にともない、官人たちは天皇に向かって拝礼・拝舞といった所作を繰り返しとらねばならない。そういう所作をしっかり憶えて儀式に臨むのは当然のこと。それを憶えもせずに出て来て、めいめい勝手な所作をとりだしたら、目も当てられない。憤懣《ふんまん》やるかたない嵯峨の表情が目に浮かぶようだ。その嵯峨が命じた対策は次のようなものだった。

「毎年十二月になったら、公卿を除く全員、式部省による教習を前もって受けさせよ。進退挙止が見るに堪えるぐらい、さらには手本となるぐらいまでだ」

公卿を除く五位以上官人と六位以下長上官の全員である。一堂に会して予行演習でもするのか。ご苦労なことだ。だが、どうしてこんなことになったのか。

嵯峨は礼式を諳んじてこない者たちを「賀正の臣」と呼んでいる。古代日本で「臣」とは、五位以上官人をさす語。だとすれば、ここで問題となっているのは五位以上官人だ。

彼らは延暦二十一年（八〇二）の制裁規定（三節出席禁止）でようやく無断欠席をしなくなった。だが、今度は出席はしていても、肝心の礼式は頭の中に入っていない。憶える気がないのである。当然ながら、儀式中の進退挙止では、ぶざまにもたびたび所作を間違える。元日朝賀儀の威儀を著しく損なうことになった。しかも、それが毎年繰り返されるうちに、この儀の不体裁はやがて旧慣となり、一向に改まる様子もない。

無断欠席を続けていた六位以下もようやく出席するようになった今、彼らに対して範を垂れるべき五位以上が彼らの目の前でそんなぶざまな不体裁を繰り広げることは、いかにも不都合だった。弘仁九年（八一八）の嵯峨の勅命は、このような憂慮から発せられたものだったのである。

醜態を恥じない五位以上

しかし、礼式を憶えずに朝賀儀に出席するとは、いったいどんな料簡だろうか。なるほど長年にわたって無断欠席を続けてきたら、進退挙止を忘れてしまうこともあるだろう。ならば、再び憶えて、諳んじればよい。簡単な話である。

だが、五位以上官人はその手間を惜しんだのだ。結局、「学ぼうとしない官人たち」なのである。天皇の御前でぶざまな立ち居振る舞いを見せても一向に意に介さない。彼らの関心は、ぶざまでも何でもともかく出席して三節の出席権を確保し、無事節禄をせしめることにあったのだ。

むろん、六位以下官人も「学ぼうとしない官人たち」の強力な予備軍だ。弘仁七年（八一六）まで六位以下は長らく無断欠席を常態としていた。五位以上よりはるかに長い。六位以下といえば、その昔、いつまで経っても立礼を学ぼうとしなかった人々である。その子孫たちが新設の制裁規定（春夏季禄の没収）に畏まり、朝賀儀に顔を出すようになっても、五位以上とまったく同じか、もっと惨憺《さんたん》たる状況となるのは火を見るより明らかだ。ここは彼らを含め全員、正月を前に政府肝煎《きもいり》で教習を受けさせる、というのが現実的な対応だったのだ。しかし、それにしても、政府もまた怠慢の誹《そし》りを免れない。長年、五位以上がろくに礼式を憶えようともせずに出席し、御前でぶざまな姿を見せているというのに、その怠慢を見咎めもせず放置してきたのだから。ために威儀の損なわれた儀式がかえって慣例化したというが、それは「学ぼうとしない官人たち」の怠慢に対し、毅然と対処してこなかった政府の怠慢でもある。

毎年のように、元日に目の前でぶざまな醜態を見せつけられた嵯峨には同情のほかない。ただ、このようになかなか「学ぼうとしない官人たち」に対し、事前教習を実施するのはいいとして、五位以上も六位以下も、真面目に揃って受講したのだろうか。よほどの強制力がなければ無理だろう。残念ながら、その効果のほどを伝える史料はない。

読み書き算術は学んだ

ここで、誤解のないようにお断りしておきたい。「学ぼうとしない官人」たちは、むろん何も学ばなかったというわけではない。律令官人として日常的に必要な読み書きや算術はよく学んだ。いや、学ばざるをえなかった。平城宮跡や他の役所跡と思われる遺跡からは、習書木簡《しゅうしょもっかん》と呼ばれる漢字や文章の手習いや九九を記し付けた木簡が出土している。不要になった土器に習書を施しているものもある。官人たちは勤務の合間を見て、せっせと事務技

図表10　習書木簡　奈良文化財研究所蔵

能の習得に励んでいたのである。

こういう姿を思い浮かべると、当時の官人たちがいかに勤勉であったかと、つい現代日本人の勤勉さを投影させてしまいがちだ。しかし、そこは思いとどまっていただきたい。それだけ勤勉であったはずの官人たちが、なぜ古俗の礼法に泥んで立礼を身につけようとしなかったのか。同じく、なぜ忘れかけた朝賀儀の礼式を再び諳んじようとしなかったのか。

官人として生きる必要最低限の技能の習得には励む。だが、天皇の忠良なる臣下として求められる礼法や礼式の習得・再習得には熱意がないのだ。勤勉であってほしいという気持ちはわからなくもないが、筆者は律令官人をトータルに見たとき、決して勤勉ではなかったと思っている。

律令を学ばぬ律令官人

官人は必要最低限の技能の習得には励むと言ったが、実は筆者はその点にもいささか疑問を持っている。最後に、そのことにふれておこう。

和銅《わどう》四年(七一一)七月、時の元明女帝は詔を発し、たいへん厳しい口調で官人たちの怠慢を責め立てた。

「大宝律令を施行してから、すでに長い年月が経っているというのに、律令に基づく政治はほんのわずかしか行われていない。ほとんど行われていないといってもよい。これは諸官庁の官人たちが怠慢で精勤を心がけていないからだ。各官庁は定員は満たして頭数だけは揃っているが、その実、政治は何も行われていない」

元明は翌五年（七一二）五月にも中央諸官庁の長上官と上京中の国司たちに向かって同様の詔を発していて、そこでは「施行以来かなり年月が経っているのに、あなた方はいまだに律令に慣れず、過失も多い」と、やはり厳しい叱責を加えている。

律令のうち、行政法典である令だけでも、条文の数は全部で一〇〇〇条に近い。たとえ一〇年の年月をかけても、律令のすべてに精通することなど土台無理な話だ。官人たちの怠慢を難じる元明の叱責には酷なところがある。しかし、そのことを差し引いても、元明の強い苛立《いらだ》ちは官人たちへの大きな不満に根差している。なにがしか真実を伝えていると見るべきだ。

この時の元明の背後には、王権を庇護《ひご》した右大臣藤原不比等《ふひと》がいる。不比等は大宝律令の編纂を主宰した人物として著名だが、実際に筆を手にとり、条文の作成にも携わった。当代一流の律令専門家である。それだけに、官人たちの誰もがただちに新しい律令を使いこなせるようになるなどと思っていない。しかし、国法の基本である以上、官人たちにはともかく律令を学んでもらわねばならない。ところが、相手は守旧的で「学ぼうとしない官人たち」

である。彼らの怠慢にはいきおい苛立ちも募る。元明の苛立ちは、実は不比等の「学ぼうとしない官人たち」への苛立ちであった。筆者はそう理解している。

もっとも、「学ぼうとしない官人たち」がようやく律令を学んだからといって、すべて好ましい状態になるかといえば、そうではない。不比等や元明の苛立ちのおよそ一〇年後、養老七年(七二三)、太政官はある法令を出す。官人たちが儀式にあっては礼法通りできずにモタモタし、宮廷内で着用する衣・冠も細則違反であるとして、弾正台と式部省がしっかりこれを正せと命じる内容だ。これによれば、衣冠について太政官は次のように眉《まゆ》を顰《ひそ》めている。

「朝服・礼服は、色糸で織った綾《あや》を裏に着けたり、薄く軽い羅《ら》を表に着ける者がいる。冠は後ろの纓《えい》を長く垂らしすぎて衣の領《えり》にまでふれさせる者がいる。また、服の領を高級な綾で丸く作り胸元がはだけている者、袴《こ》の口を括《くく》って脛《すね》や踝《くるぶし》を露出させている者もいる」

律令の規定に一応は基づきながら、細かな規則には従っていない。当時のファッションなのだろう。勝手に高級な絹織物で飾りを表裏に着けたり、着こなしを粋がって見せる官人たちがいた。しかも、番上官もそうだったという。かなりおおぜいの官人たちが衣冠の細則などどこ吹く風、当時流行の装いを追いかけていたのだ。

古代日本の官人は律令官人と称され、律令に精通しこれらに基づいた行政を行うとイメージされがちだ。しかし、実際には官人として必要不可欠なはずの律令を積極的に学ぼうとせず、律令について不案内な官人たちが多数存在した。律令を学ぶだけではなく、その運用に欠かせない細則も学ぶ必要があるのだが、こちらも勤勉であったとは言いがたい。むろん、学んで従わないのなら、学んだことにはならない。

3　不正を働く官人たち

東国国司への訓示

古今東西、官僚と不正とは切っても切れない関係にある。古代日本とて例外ではない。ただ、古代日本に特徴的なのは、中央の官人よりも中央から地方に赴任する国司に不正を働く傾向が顕著であったことだ。しかも、国司による不正は、律令時代の経過とともに現れるようになったわけではない。すでに律令時代以前から存在した。

大化元年（六四五）、改新政府は官僚たちを東国（現在の中部・関東地方）八方面に国司（国宰）として送り出し、国や評《こおり》（のちの郡）の境界線を引くことを始め、地方支配のための体制づくりに乗り出す。それに先立ち、その東国国司たちには時の孝徳天皇が詔を発して訓示を行った。国司たちが赴任先でその地位を悪用して人々を苦しめたり、私利・私益を追求することを禁じ、職務の怠慢を戒める内容のものだ。専制君主国家の忠良なる官僚として、しかるべき矜持と倫理を諭している。

これは万に一つの不祥事に備え、あえていわずもがなの訓示を垂れたというものではない。当時の官僚たちに矜持と倫理を期待するのは、無理な相談だった。あらかじめ釘を刺しておかねば、目の届かない現地で、どんな勝手な振る舞いに及ぶかもしれない。そんな懸念を政権上層部は抱いた。だから、周到に釘を刺して、彼らを任地に送り出したのだった。

東国国司の不正

しかし、結局その甲斐はなかったのである。現地に至るや、彼らの多くは詔による訓示を拳々服膺《けんけんふくよう》するどころか、利己に走り、職務を怠って憚らなかった。懸念は現実となったのだ。

たとえば、穂積咋《ほづみのくい》を長官とする国司一行は、長官が現地の各戸からその地位を利用して財物を懐にし、のちに咎められて返還するにはしたがすべては返さず、また次官の富制《ふせ》某と巨勢紫檀《こせのしたん》はその長官の不正を知りながら正そうとしなかった。さらに彼らの下僚も、全員過失を犯していたことが判明した。

このような国司ぐるみの罪過は巨勢徳祢《とくね》を長官とする一行もまったく同じである。長官が不当に手に入れた物をすべては返さなかった点まで同じだ。違うのは、屯倉《みやけ》の耕作民である田部《たべ》の馬を取り上げた点。また、次官朴井《えのい》某と押坂《おさか》某が長官の不正を正さなかったばかりではなく、自分たちも私利を求めた点。さらに、在地を治める国造《くにのみやつこ》から馬をせしめた点である。

東国は良馬の産地であったから、馬を不当に入手した国司はほかにもいた。紀麻利耆拕《きのまりきだ》はやはり長官でありながら、在地の二名の豪族に使者を出して、おそらく多数の馬を牽《ひ》いてくるよう命じた。自分で品定めをしてその中から眼鏡《めがね》にかなった馬をわが物にしようとしたのだ。豪族に刀を作らせたり、弓や布も手に入れている。国造に一帯の武器を集めさせ、これを不当に取り上げることまでしている。その一方で自分たちの刀を盗まれるという失態を二度も演じた。次官二名、下僚八名ともども一行全員に罪過があったという。

阿曇《あずみ》某を長官とする国司一行も馬に執着した。長官は皇室直轄地の湯部《ゆべ》から馬を掠《かす》め取り、次官の膳部百依《かしわでのももより》も国造の良馬を他の馬と交換させたり、公けの牧草を私物化するなどしている。ほかにも赴任先の国造たちを利用して私腹を肥やしたり、禁じられていた現地での裁判を勝手に行う国司もいた。

結局、八方面に送り出されていた東国国司のうち、実に五方面の国司たちが事前に孝徳天皇の禁制を承っておきながら、現地では私欲に駆られてその禁を犯した。天皇の命を受けた国司としての地位や権限を悪用し、不当な私利追求に走り、それを正すべき下僚たちも見て見ぬふりをした。面従腹背もはなはだしい。

ただ、中央に帰還した後、彼らのこうした罪過の数々は白日の下に暴かれたのだが、結局孝徳は全員処罰しなかった。即位後の大嘗祭《だいじょうさい》（新穀を天皇と神が共食する収穫祭）の挙行と難波長柄豊碕宮の造営を控え、人々の動員を前に善政を施しておく必要から、大赦（恩赦）を発令したのである。この時期の高度な政治的判断によるものではある。しかし、これまでに見た古代日本の寛容・緩慢な官人統制の基調は、ここにも認めることができる。

役得を許す政治風土

さて、先の東国国司たちの罪過は、むろん明確な禁制違反である。しかし、彼らがとくに強欲で、天皇の詔など日ごろから馬耳東風の不遜《ふそん》の輩であったかといえば、そうではない。『日本書紀』はこの東国国司たちを「良家の大夫」と呼んでいる。なるほど、右に挙げた穂積、富制（布勢とも。阿倍《あべ》氏の同族）、巨勢、紀、朴井（物部《もののべ》氏の同族）氏といえば畿内の大豪族や名族。他の国司たちの氏族も同様である。

ここが大事なところだ。中央で大夫（マヘツキミ）を務めて天皇（大王《おおきみ》）の政治を助けるような国政指導者層ですら、一歩外に出て中央の目の届かない草深い地方に赴けば、「良家の大夫」の誇りもかなぐり捨て、君主の禁令ものかは、ここを先途と私利私欲に走る。しかも、それがある程度黙認される政治風土であった。東国国司が現地で入手した物を全部は返そうとしなかったのは、「これぐらいは許される」、そういう認識があったからである。

官人たちが国司になって赴任したとたん、利己に走る。これは古来何も特別なことではない。むしろ、普通のことであった。遠路はるばる赴任した者には、そのような役得があったのである。普通の官人たちが国司となって、現地では普通に役得を手にした。それは法的には職権濫用《らんよう》や横領、収賄といった不正行為である。しかし、当人たちにとっては、国司ならみんなよろしくやっている蓄財であり、実のところ、罪の意識は希薄であった。

学者官僚山田御方の不正

律令制草創期から初期にかけて、山田御方《やまだのみかた》という学者官僚がいた。若いころ僧侶《そうりょ》として新羅に留学したが、帰国後還俗《げんぞく》して官界に入った。慶雲四年（七〇七）には、その優れた文才を称《たた》えられて褒賞を賜り、養老五年（七二一）には、他の学者官僚らとともに、朝廷での執務後、春宮で皇太子（首皇子《おびとのみこ》、のちの聖武天皇）に近侍するよう命じられて文章を教授。後学の模範となる優れた学者の一人として恩賜にも与《あずか》った。

その御方もかつて、和銅三年（七一〇）には周防守《すおうのかみ》として現地に赴任した経験がある。その後、御方は任期を終えて中央に戻ったのだが、国司在任中、管理下の財物を横領していたことが発覚。恩赦により処罰や官人身分剝奪は免れたが、横領相当額を絹布で支払う制裁は免れなかった。

当代一流の学識者として皇太子に文章指南までするような学者官僚であっても、いざ国司となればその役得に目が眩《くら》む。若いころから中国の書物に親しみ、君臣の本義や官吏としての道を熟知していたはずだ。それでも、都を離れて現地に赴けば、抗《あらが》いがたい誘惑があったということである。

なお、実は御方は課徴しようにも、今や自宅に一尺の絹布すらない清貧ぶりで、これを憐《あわ》れんだ時の元正《げんしょう》女帝は特別の恩寵《おんちょう》を下し、若年から彼が篤学だったことを理由に、絹布の課徴についても一切免除した。結局、御方は官有品横領の罪をすべて赦《ゆる》されたのであるが、ここにもまた古代日本の寛容・緩慢な官人統制の基調が見てとれる。

そればかりではない。かつての御方の不祥事が後年なぜ発覚したか詳《つまび》らかではないが、密告でもあったのか。運悪く表沙汰《おもてざた》になってしまった一件。それを政府がなんとかお咎めなしで収めた。うがった見方かもしれないが、筆者はそういう印象すら受ける。

それはともかく、御方のような天皇の信任厚い学者官僚でも、国司として赴任すれば、まるで当然のように不正に手を染めた。他は推して知るべし。そういう事例は文字通り枚挙に暇《いとま》がない。最後にその中から、あまりの酷さに呆れ果ててしまうような事例を紹介しよう。

古代日本の官人たちは、都を離れればここまで私利私欲に走る人々なのだ。

国難に乗じて利己に走る国司

弘仁十年（八一九）、衝撃的な太政官符が出される。実はこの前年・前々年は全国的に大《だい》旱魃《かんばつ》が相次ぎ、おまけに関東地方ではマグニチュード七・五以上とも推定される巨大地震も発生。当然、作物は不作・凶作となり、この年も全国で大飢饉《だいききん》の発生という国家にとってきわめて危機的な状況だった。官民一体となって国難を乗り切らねばならない。中央政府の舵《かじ》取《と》りの下、現地では、国司の責任重大である。

そんな中で、時の政府が出した驚きの官符。それはなんと国司の不正を禁止した法令だった。不正とは何か。災害に便乗して中央政府に虚偽の報告を行い、不法に利益を得ようという、まことに破廉恥な行為である。この官符で指摘されている国司の不正は次の三つ。

一つ目は、中央政府に飢民の数を水増しして賑給《しんごう》を申請する不正。賑給とは、儒教の思想に基づく飢民救済策で、穀物を無償で支給する。諸国には郡単位でそのような備荒用の穀物を貯蔵する倉が設置されている。この倉を開封して飢民に支給するのだ。むろん、所要の手続きを踏まねばならない。国司が現地の飢餓状況を視察し、飢民の数を太政官に報告して賑給の実施を申請する。

ところが、先の官符によれば、諸国が賑給申請のために報告してきた飢民数は、中央から使者を派遣して確認させてみると、実数と大きくかけ離れているという。たとえば、ある国は賑給を必要とする飢民を一〇万人と報告してきたが、使者が現地で確認してみたところ、実際には半分の五万人しかいない。もし、実数を調べなかったら、水増しした五万人分の賑給穀物は国司の懐に入っていたのである。このような賑給穀物の詐取が諸国では慣例化していると官符は指摘する。

二つ目は、災害で破損した官舎や堤防など国司管理施設の修築費用の見積りを水増しして報告する不正。このような修築については、あらかじめ所要の費用を見積り、太政官に報告して許可を得る必要がある。

ところが、ある国は修築に要する工賃をのべ一万人分と報告してきたが、やはり中央の使者が現地で調べてみたら、実際にはのべ五〇〇〇人分で済むことがわかった。むろん、その水増しした五〇〇〇人分の工賃は国司の懐に入ることになる。

律令制下では、このような工賃に限らず、それぞれの国のあらゆる公共費用は正税稲《しょうぜいとう》と呼ばれる財源から支出される。正税稲の管理責任は国司が負うことになっているのだが、あろうことか、その国司が自ら大嘘をついてその正税稲を詐取しようとしているのである。しかも、官符は国司のこのような不正行為は全国で例外なく行われていると指摘している。

三つ目は、災害によって収穫減となった損田《そんでん》の面積を水増しして報告する不正。国司は損害を被った各戸の水田の損害程度を判定し、減収分を損田として面積で算出して中央に報告する。人々は田の収穫のおよそ三％を租として納めるのだが、田の損害程度五割以上で租は全免、四割以下も減免する救済措置が認められている。この救済措置も国司の報告に基づき、太政官が許可する。

そこで、国司の中には損害程度を実状より過大に判定し、減収分を水増しする者もいる。たとえば、ある国は損田を一万町《ちょう》（一町は約一ヘクタール）と報告してきたが、これも中央から使者を出して調べてみると、実際には五、六千町ほどだった。国司は水増しした四、五千町分の租も減免せずに徴税し、それはやはり懐に入る。

官符はそのほかにも、国司による損田報告の意図的な隠蔽《いんぺい》、遅延、使者による調査への非協力についても指摘する。さらに、このように「公を忘れて私を潤す」国司はまま見受けられるが、逆に「忠を致して廉を致す」（忠義で清廉な）国司は稀にしか聞かない、と嘆いている。

注意していただきたい。以上の三つの恐るべき不正は、一部の欲得にたけた国司が犯したものではない。官符には多少の誇張もあるだろう。それにしても、現地に赴任しているほとんどすべての国司が犯した不正、あるいは犯す可能性のある不正なのである。

自己犠牲と私富蓄積

古代の天皇は災害をことのほか恐れた。災害は自らの不徳を天が咎めた結果であると固く信じたからだ。時の天皇嵯峨もしかり。「民に辜《つみ》なく、責めは朕《ちん》にあり」と一身に引き受けた。側近の藤原冬嗣率いる政権は嵯峨の責任を分かち合い、ありとあらゆる方策で災害を食い止め、被災者を救済し、復興に注力しようと必死だった。

彼らはこの非常時にあって、わが身を慎むことも忘れない。天皇・皇后は毎日の食膳や着衣を進んで簡素なものに落とし、公卿や五位以上の貴族たちは、自ら申し出て位封や位禄(位階に応じた収入)の四分の一をカットした。高貴な者こそ公益のために自らを犠牲にする。ノブレス・オブリージュの精神は古代日本にもたしかにあったのだ。

ところが、中央政府が一丸となって国難に打ち克《か》とうとしているさなか、当の被災地では、国司たちがその災害に乗じて臆面《おくめん》もなく私腹を肥やそうとしていたのである。それが国司たちの偽らざる現実なのだ。

しかも、誤解してはならない。これらの国司たちは特別強欲な人々ではない。彼らはたまたま中央から赴任してきた官人たちにすぎない。現在中央に勤務する官人たちも、かつては国司であった者、将来国司として赴任する者、親族が国司として在任している者もいる。繰り返すが、大半はみな同じ普通の人々なのだ。

国司の長官・次官級ともなると、五位以上の者もいる。諸国を襲う厳しい災害にわが身を慎み、位封・位禄を削減してノブレス・オブリージュを果たすのも彼らだが、その災害を実地に見てチャンス到来とばかり私富の蓄積に走るのもまた彼らだった。

さて、この官符は当時の国司たちの許しがたい不正を糾弾し、今後そのような不正に対しては、国司の給与である公廨稲《くげとう》を没収し、さらに刑事犯として処罰すると定めた。詐取・横領といった明白な犯罪なのだから当然の懲戒である。しかし、その実効性については疑問だ。

中央の官人が国司となって地方に下り、さまざまな役得にありつき、うまくいけば一財産作ることができる。そんな政治風土はこの後も長く続く。この官符を出した太政官の公卿たちにしても、かつては自分も享受し、やがては子や孫も享受するはずの国司の役得まで否定しているわけではない。

「国司はおいしい」という宿痾

日本の律は中国の唐律を参考に制定され、ほとんどそのままという条文も多い。だが、中には日本の実情をふまえ、唐律の条文を意図的に変えているものもある。中央から赴任した役人が任地の者から「供饋《きょうき》」（食物の提供）を受けた場合がそうだ。

唐律ではそれを不正行為とみなし、「坐贓論《ざぞうろん》」をもって処罰する。「坐贓論」とは、不正に入手した財物の相当額を制裁として課徴することだ。これに対して日本律の規定では、その場合は「罪に問うな」とまったく逆なのである。中国では赴任先で饗応《きょうおう》を受けるだけでも処罰の対象となるのに、日本ではお咎めなし。

その背景として、日本には古くより贈答慣習があったことが指摘されている。これも国司の役得だが、一つ間違えば賄賂《わいろ》になりかねない。いや、事実上賄賂ともいえる。そういう饗応が公然と認められる政治風土だったのだ。その温床がある限り、国司の不正はなくならない。古代日本の官人たちにとって、国司はとてもおいしいのだ。未来永劫《えいごう》そうでなければならない。これが公卿以下官人たちの共通の思いである。

平安時代には、「受領《ずりょう》（現地に赴任する国司）は倒る所に土を摑《つか》め」（転んでもただで起きるな、手ぶらで帰るな）と、国司の強欲ぶりが強調され、実際に著名な「尾張国郡司百姓《おわりのくにぐんじひゃくせい》等解文《らげぶみ》」で解任された藤原元命《もとなが》のような国司も多数出た。受領（国司）といえば強欲の代名詞とも思われるほどだ。だが、もうおわかりのように、国司の不正は七世紀半ば、大化改新の昔から絶えることなくあった。古代日本の宿痾《しゅくあ》というべきものである。

国司の和訓はクニノミコトモチ。信任を受けた臣下が天皇の命《みこと》令を持ち、それぞれの国を天皇に代わって治める。これが国司の本来あるべき姿だ。しかし、現実の国司は決してそんな忠良の臣下ではなかった。私利私欲を追求して蓄財にこれ努める背信の徒輩であった。古代日本の官人たちに天皇への過剰な忠誠心を期待すべきではない。六位以下にくらべれば、五位以上の方がまだしも期待できそうだ。だが、それでも都を離れれば、やおら忠誠心は弱まり、それとともに利己心は全開となるのだ。

4　乱暴な官人たち、取り入る官人たち

天武執政下の乱暴官人

官人たちが国司となって不正を働いた舞台は、主に中央の目が届きにくい畿外である。しかし、京畿内でも不正蓄財ではないが、官人たちによる不祥事はしばしば見られた。それは一般に律令制が形骸化し、綱紀が弛緩するとされる平安時代だけの話ではない。専制君主天武が律令国家の建設を進めていた七世紀後半のいわば律令制草創期。この時期に早くもそのことが懸案となっているのだ。

天武八年（六七九）の詔では、国司に対し、畿内に跋扈《ばっこ》する乱暴者の官人たちを厳しく取り締まれと命じている。

「聞くところによると、最近は乱暴な官人たちが畿内に多くいるという。こうなったのは国

司を務める王卿《おうけい》らの過失によるものだ。ある国司は、乱暴な官人がいることを耳にしたとたん、改めさせるのを面倒がってあえて見過ごす。また、ある国司は乱暴な官人を目にしたとたん、正すのを嫌がって見て見ぬふりをする。見たとき聞いたときにただちに糺弾すれば、乱暴者など出てこようはずはない。今後は、乱暴行為を面倒がったり嫌がったりせず、格上の官人に対してはその過ちを責め、格下の官人に対してはその非行を諫《いさ》めよ。そうであってこそ、はじめて国家は治まるのだ」

覇者にして随一の専制君主であった天武の治世下。それでも、このありさまだった。粗暴な振る舞いに及ぶ官人たちが畿内のあちこちにいたというのだ。しかも、もっと驚くのは、そのような乱暴者は下級官人だけではない。当時としてはかなり高位の上級官人にもいたという事実である。

当時の国司は全国的には「大山《だいせん》以下」（のちの六位以下）の官人が就くことになっていたが、畿内と一部の国は例外で、「小錦《しょうきん》以上」（のちの五位以上）が就くと定められていた。天武が畿内国司たちを「王卿」と呼んでいるのは、彼らが小錦以上だからだ。

ところが、天武朝は上級冠位への昇進が抑制された時代である。官人たちの多くは小錦（五位）止まりだった。この国司たちも実際には小錦だったはずだ。その国司たちより上位となると、大錦《たいきん》以上（四位以上）ということになる。ただ、数は少ないが、たしかにそういう官人たちもいた。すでに前代の天智朝に大錦以上を与えられていた者たち。旧近江朝廷の重臣層である。

詔にいう「国司より格上の官人」とは、壬申の乱で天武（大海人皇子）に敗北した旧近江朝廷の高官たちをさす。敗者となって一時《いっとき》沈黙を余儀なくされたが、いつまでも落ち込んでいたわけではないのだ。さすがに乱後八年も経つと、往年の元気を取り戻したらしい。中には元気を通り越して、粗暴な振る舞いに及ぶ者もいたようだ。彼らは畿内の大豪族の出身だから、格下の国司はおいそれと咎めることもできない。だから、そんな格上の官人たちに遠慮が働くのはわからなくもない。

粗製濫造の下級官人

しかし、格下の官人たちの乱暴行為まで、面倒がったり嫌がって正そうとしないのはどういうことか。相手は大山以下（六位以下）の下級官人たちである。

下級官人は天武が育成にもっとも力を注いだ人々である。律令国家の官僚機構は分厚い実務官人層が必要不可欠。天武はそれを短期間のうちに成し遂げようとした。いきおい、譬《たと》えは悪いが、粗製濫造ともなった。当時の日本に儒教的社会規範はまだない。官僚としての倫理など持ちようもない。

一方で、官僚としての鼻持ちならない特権意識は、いち早く身につけたことだろう。天武は下級冠位の昇進は意図的に促進した。派遣当日これといった理由もなく使者の職務をキャンセルしても目をつぶった。甘やかしてしまった面はある。ために、増長した未熟な官人たちもおおぜいいたのではないか。

当時はまだ日本の律はなく、中国の唐律が準用されていたが、官人が罪過を犯しても実刑を免れることができたのは唐律も同じだった。そういう特権を共有するようになると、「みんなで渡れば怖くない」の集団心理も働きやすい。いちいち対処するのが、それこそ面倒で嫌になるほど、多くの下級官人たちが都や周辺の国々でわが物顔に振る舞い、乱暴狼藉《ろうぜき》を働いていたのだろう。

それにしても、国司たちの対応は寛容・緩慢である。しかし、この寛容・緩慢な対応は、本書ではすでにお馴染みのものだ。日本律令国家が時代を超えて持ち続けた官人統制の顕著な特徴である。この時の畿内国司に限ったことではない。この古代国家は、いつの時代も官人たちを厳しく統制しようとはしない。たとえ規律に反し、忠誠に悖《もと》り、精勤に欠けるところがあっても、概して鷹揚だった。先の天武にしても、国司の怠慢は責めるが、当の乱暴な官人たちには、一言の非難も発していない。

宮中での乱暴行為

ただ、どうやら官人の乱暴行為は鎮静化しなかったようだ。ばかりか、その乱暴行為は都や周辺の国々だけではなく、なんと王権の中枢、飛鳥浄御原宮《あすかきよみはらのみや》の中にも及ぶようになった。三年後の天武十一年（六八二）の詔がそのことを物語る。

「およそ法を犯した者を糺弾する時は、禁省《きんしょう》（内裏）の中であれ、朝廷（官庁）の中であれ、その犯罪が発生した場所で、見た通り聞いた通りの出来事により、余すところなく糺弾せよ。とくに重罪を犯した者について、天皇の勅裁を請うべき時は請い、身柄を捕らえるべき時は捕らえよ。もし、逮捕に応じない場合は、武力を発動して拘束せよ。（中略）罪状明白にもかかわらず、無罪だと欺き、あくまで否認して裁判で争おうとする者は、その罪を本罪に加えて裁け」

この詔はすべての臣民を対象に発したものだが、犯罪発生場所としてわざわざ内裏や官庁の中を挙げていることが目をひく。飛鳥浄御原宮の中で官人が起こした犯罪。それが想定されている。また、重罪を犯して天皇の勅裁を仰ぐべき者とは、上級官人のことだ。逮捕を拒んで抵抗しようとする。明らかに有罪なのに無罪と欺き、裁判で争おうする。どちらも間違いなく官人が想定されている。

むろん、これらの想定は単なる仮定ではない。現実の反映と見るべきである。数年前の乱暴な官人たちは、今や宮内の内裏や官庁の中でも問題を引き起こすようになっていたのだ。時に上級官人が死刑や流刑に相当する重罪を犯す場合すらあった。そのような官人たちは畿内の豪族出身だが、彼らは天武の畿内武装政策により武器を持つことを許されている。逮捕に応じない者に武力発動も辞さないのは、徹底抗戦することを懼《おそ》れたからだ。また、小才のきく官人には、クロをシロと言いくるめて法廷闘争に持ち込みゴネようとする者もいたのだろう。そうはさせじとゴネ得封じの手も打った。

勤勉でないどころか、天皇が住まい世を治める宮の中ですら罪を犯してしまう官人たち。そういう官人たちが律令制草創期にはいたのである。日本律令国家は急ごしらえの専制君主国家だったから、未熟で粗暴な官人たちを抱えながら立ち上がったのだ。

その後歳月を重ねて、律令国家が発展し、成熟してくるにつれ、草創期のような未熟で粗暴な官人たちはさすがに姿を消す。しかし、内裏や官庁の中での遅刻、怠業、職務放棄、無断欠席などの規律違反は日常茶飯事であった。その勤勉でも忠良でもない官人たちが場所柄も弁《わきま》えず、とんでもない失態や重大な犯罪を引き起こす懼れはつねにあった。

日本律令国家は官人の規律違反には概して緩かったが、一方でそのような失態や犯罪への懼れは永く抱き続けた。そういうわけで、先の天武十一年（六八二）の詔は、その時代で役割を終えたのではない。その後、さらに二〇〇年以上も生き続けたのである。十世紀になって編纂された『延喜式』には、弾正台の細則の一つとして、その詔の骨子が使われている。

女官に取り入る官人たち

さて、この時の天武の詔では、禁省（内裏）での官人たちの犯罪にふれていたが、当時の内裏は実は官人たちのおのがじし秘めた欲望を裏口から叶える場でもあった。前年の天武十年（六八一）の詔がその間の事情を伝えてくれる。

「官人たちが宮人《ぐうにん》（女官）を恭しく敬うさまは、あまりに度が過ぎている。家まで押しかけて、自分の訴えを聞き入れてもらおうとする者もいれば、その家に賄賂の品を贈って媚《こ》びを売ろうとする者もいる。今後、もしこのようなことをする者がいたら、そのさまに応じて、みな処罰する」

この官人たちとは、原文では「百寮の諸人」。つまり下級官人である。下級官人が女官に取り入って、なにがしか便宜を図ってもらおうという算段なのである。なぜ、女官に取り入るのか。それはむろん、女官が内裏に出仕する女性たちだからだ。

内裏は古来天皇（大王）の住まう所である。しかも、近年の有力な学説によれば、本来の内裏は天皇と女官だけの空間だった。女官は男官（官人）と隔てられて、天皇の近くに仕える。それが本来の内裏で、この「閉じられた内裏」がやがて奈良・平安時代の「開かれた内裏」に変容してゆくのだという（吉川真司説）。

天武天皇の飛鳥浄御原宮の内裏は、先の詔で官人による犯罪が懸念されたほどだから、一部男官の出入りは認められていたようだ。それでも、基本的には天皇と女官たちの空間であった。その内裏で天皇に日ごろ近しく接する女官や天皇の覚えめでたい女官に目星をつけて近づき、賄賂を掴ませて、おのれの便益のために天皇への口利きを依頼する。当時の下級官人たちの中には、こういう搦《から》め手から攻めてくる小賢《こざか》しい手合いがおおぜいいたのである。天武も内裏で女官たちから官人たちの身勝手な要望を聞かされ、さぞ辟易したに違いない。

しかし、官人が打算的に内裏の女官に通じることは珍しいことではない。そのもっとも成功した例は、藤原不比等だ。娘の宮子《みやこ》を文武天皇の妃として入れていた彼は、当時の内裏に隠然とした力を持っていた県犬養三千代《あがたいぬかいのみちよ》に近づき、夫の美努《みぬ》王から奪い取って、おそらくは若い文武の房事まで見張らせた。宮子は文武の皇后にはなれなかったが、別の誰かが皇后や妃となる芽を周到に摘んだのだ。一方で、宮子が生んだ首皇子《おびとのみこ》（のちの聖武天皇）に三千代との間に儲《もう》けた安宿媛《あすかべひめ》（のちの光明《こうみょう》皇后）を嫁がせている。

降って、奈良時代半ば、権臣藤原仲麻呂（恵美押勝）の妻袁比良古《うひらこ》も最高級女官であった。袁比良古は仲麻呂が擁立した淳仁天皇の内裏生活を取り仕切って、夫の権勢を背後から支えたのである。

不比等や仲麻呂ほどではなくても、官人たちにとって、女官は何かと役に立つ存在だった。「閉じられた内裏」が「開かれた内裏」となり、天皇の公的活動の場ともなったが、一方で内裏は女官が近しく天皇に奉仕するプライベートな生活の場でもあり続けた。だから、いつの世にもさまざまな思惑から彼女らに取り入り、鼻薬を利かせて便益を得ようとする計算高い官人たちが出てくる。

そのような官人たちはすでに律令制草創期にはいた。時の天皇を辟易させるほどいた。しかも、分厚い実務官僚層の中にいたのである。彼らはおよそ勤勉とも忠良とも言いがたい。官僚の正道ではなく、邪道を往く者たちだ。しかし、利用すべきものは何でも利用し実益を得ようとする。したたかな官人たちの姿がそこにある。

第五章　官人たちを守る人事官庁

1　押しの強い実力官庁

武官人事権も掌握

これまで、儀式に無断欠席する官人たち、職務放棄する官人たちの実態について紹介した。彼らが古来決して勤勉とはいえない人々であったことも述べてきた。

ところが、そんな官人たちへの政府の対応はおおむね寛容・緩慢であった。そのことにも折々ふれてきたが、ここでいう政府とは直接には式部省という人事官庁のことだ。この式部省、官僚への不利益処分には慎重な立場をとる一方、他の官庁への押しは強い。トップの太政官にも負けていない。官人たちにとっては実に頼もしい官庁だった。

人事官庁といえば、地味で面白味もなさそうだが、なかなかどうして、この式部省は誇り高く、時に剛腕もふるってみせる。魅力溢れる官庁であった。ここでは、その式部省について見ておこう。

律令官人の人事官庁は式部省だけではない。兵部省もそうだ。八世紀初頭の大宝令により、文官は式部省、武官は兵部省と所掌を棲《す》み分けた。ところが、実際には当初式部省は文官だけではなく武官の人事をも担当する。兵部省の武官人事権が確立されたのは、大宝令が施行されて三〇年後、天平三年（七三一）になってからである（渡辺晃宏説）。

これにはもっともな理由がある。官人が文官・武官に分かれたのは大宝令からのことで、それまでは式部省の前身である法官《のりのつかさ》がすべての官人の人事を担当していたのだ。一方、兵部省の前身は兵政官《へいせいかん》。兵器などの軍事担当官庁であったが、人事は一切担当していなかった。法官は天智朝末年には設置されており、天武朝に入るとさまざまな律令官人群形成策を天武の下、主力となって実施した。急増する官人たちの勤務評定・昇進などの人事業務を一手に引き受けた。だから、大宝令施行に至るまでに、すでに三〇年近い経験と実績を積み重ねていたのである。大宝令で中国に倣って官人を文武に分け、武官の人事は兵部省に移管するといっても、兵政官－兵部省には何のノウハウもない。しばらくは式部省が武官人事を兼務する。それがむしろ現実的だった。しかも、天平三年に兵部省の武官人事権が確立してから後も、兵部省が武官の人事をすべて行ったわけではない。

古代の武器に弩《ど》と呼ばれる機械仕掛けの大弓があった。この弩を教習する教官を弩師《どし》という。各地に配置されたが、陸奥国の鎮守府《ちんじゅふ》（軍政をつかさどる役所）にも宝亀年間（七七〇～七八〇）に配置されたらしい。むろん、武官である。ところが、当初、この鎮守府の弩師は兵部省ではなく式部省が補任《ぶにん》（任命）した。これは応急的・便宜的な措置ではない。大同年間（八〇六～八一〇）まで数十年も続いたからだ。れっきとした武官の補任権を式部省が恒常的に握っていたのである。しかも、式部省は大同以降、その補任権をすべて兵部省に譲渡したわけではない。交互に補任することになったから、譲渡したのは半分だけ。もう半分は確保したのである。兵部省への完全譲渡はそれからさらに二〇年近く経った天長五年（八二八）のことだ。

大宝令が施行されてから一三〇年、兵部省の武官人事権が確立されてからでも一〇〇年、式部省は兵部省の武官人事に何らかの形で関与し続けた。それが許されたのは、式部省が兵部省をはるかに凌駕する実力を持っていたからだ。

摘発された式部省

式部省の実力を示す事件を二つ紹介しよう。一つ目は和銅元年（七〇八）四月、律令国家としてスタートして間もないころである。式部省は太政官から、貢人《こうじん》・位子といった下級官人採用制度の運用をめぐって、省ぐるみの令規違反が行われているとの摘発を受けた。

位子はすでに述べたように、内位六位以下（初位を除く）の嫡子のこと、貢人とは諸国に設置された国学《こくがく》（教育機関）から式部省に推挙された者で、ともに採用されれば下級官人としてのキャリアを送ることができる。位子はもとより、貢人も地方豪族の子弟だから一般庶民の白丁《はくてい》ではない。さて、その摘発は、式部省の過失を厳しく糺弾するものだ。

「これまで貢人・位子として採用された者の中には、勤務実態がないのに毎年の考（勤務評定）が与えられ、選限（所定の勤務評定年限）を満たして叙位の対象になろうという者がいる。本来貢人になるはずのない白丁が身分を偽って貢人になっている事例も多い。式部省が実情をきちんと調べていないからだ。ただちに調査を行い、事実関係を報告せよ。この件につき、式部省の長官以下史生以上で、自らの罪過を認めて自首する者は処罰しない。最後まで罪を認めず自首しない者は律によって処罰する」

長官以下史生以上といえば、式部省の中核を構成する官僚たちである。あたかも最初から彼ら全員の過失であると決めつけ、今のうちに素直に過失を認めたら許してやろうと居丈高な恫喝《どうかつ》を加えている。また、太政官はこれに続けて、位子の採用についても重大な令規違反があると批判する。

「位子は令の規定によれば、嫡子だけが採用の対象となり、庶子は対象外である。ところが、現在は嫡子だけではなく庶子も採用されている。これも式部による令規違反だ。庶子はすでに位階を得ている場合でも、全員還本せよ。ただし、当人が優れた事務能力を持っている場合は、貢人としての再採用を望むなら認めよ」

下級官人採用は式部の裁量

しかし、これらは式部省が令規を知らなかった、見落としていた、などといった過失ではない。太政官も省ぐるみの過失と決めつけて妙に居丈高なのも、これが単なる過失でないことを知っているからだ。式部省は令規違反を百も承知だ。

この人事官庁は天武朝の律令制草創期以来、下級官人群を急ピッチで作り上げる役割を担ってきた。式部省は六位以下の下級官人の採用や昇進、管理について、絶大な権限を認められた官庁である。当初は兵部省の武官人事権も握った。

大宝令が構想する官僚機構はそれ以前にくらべてはるかに巨大である。これを満たす下級官人も未曽有《みぞう》の数に上る。その人員を安定的に確保する必要があった。その役割は言うまでもなく式部省に課せられている。おそらく令規をバカ正直に遵守して貢人・位子を採用するだけでは、とても足りなかったはずだ。令規を弾力的に運用し、時に令規を超えながら、そこをなんとか調達するのが式部省の裁量である。

太政官とて、それを知らなかったはずはない。ばかりか、式部省の裁量に任せて、これに頼り続けてきた。式部省にそれだけの実力があったからだ。

和銅元年（七〇八）の摘発は、式部省が所期の目的を遂げ、一方で粗製濫造による弊害が出てくるようになり、これまで黙認してきたことを見直す姿勢を示したということだ。当時の長官（式部卿）は下毛野古麻呂《しもつけののこまろ》だが、この件では更迭されることもなく、翌年末在任のまま亡くなっている。大山鳴動して鼠《ねずみ》一匹も出ただろうか。逆に人事官庁式部省の実力のほどをまざまざと見せつける事件であった。

給季禄儀で兵部省に横車

その点、兵部省には武官人事権を確立するようになった後も、式部省のように令規違反を承知しながら、自らの裁量で大量の採用人事を行うだけの実力はない。実際、式部省は後発の人事官庁兵部省を歯牙にもかけていない。二つ目の事件に、そのことがあからさまに露呈される。

その事件は弘仁六年（八一五）二月に起こった。場所は大蔵省前庭。給季禄儀が行われる日だった。二月は春夏分の季禄が官人たちに支給される。その儀式が始まろうとしていた。太政官事務局の弁官が式部・兵部両省の担当者を呼び出し、官人たちの整列を命じた。前庭手《て》の近くに集まってきた官人たちのうち、文官は式部が整列させ、武官は兵部が整列させる筈《はず》となっている。

ところが、その整列に先立ち、式部は兵部の担当者を呼びつけ、「従来、整列のことは式部省がすべてやっていた。今日、式部と兵部が分かれて官人の整列を行うのは不当である」と叱りつけ、兵部には武官の整列をさせず、式部が全官人の整列を行ったのである。

ここで式部に横車を押されて、すごすごと引き下がる兵部も情けないが、これが式部と兵部の人事官庁としての格の違いなのだ。しかし、引き下がってはみたものの、兵部は納得がいかない。それはそうだろう。武官を整列させることは弁官の命令だったのだ。式部に叱責される謂《いわ》れなどない。

第三者を決め込む太政官

そこで、兵部は後日、太政官にこの一件について訴え、武官については兵部が整列させるべきである旨、確認を求めた。そこで、太政官はもう一方の当事者である式部の言い分も聴取した上で裁定を下すことにしたのだが、この太政官の対応もかなりおかしい。

繰り返すが、そもそも両省を呼び出して文官・武官の整列を命じたのは太政官の事務局弁官なのだ。命じた弁官も前庭にいて儀式の進行を見守っている。式部が自分たちの下した命令をまったく無視し、兵部を排除して全官人の整列を独占的に行おうとしたときに、どうしてそれを止めないのか。止めて命令通り両省にやらせようとしないのか。口をつぐんで式部のやりたい放題を認めた弁官は太政官の一部局にすぎない。結局、太政官は当事者としての責務を放棄し、この一件では第三者を決め込んで裁定役に徹する。実に奇怪な構図である。

奇怪といえば、太政官が裁定を出したのはなんとその年十一月になってからである。しかも、ようやく出したその裁定は「文官は式部省、武官は兵部省が整列させる」というもの。こんな拍子抜けするような当たり前の裁定を下すのに九か月もかかっている。実はその間、八月には秋冬分の給季禄儀があった。そこでも、式部が兵部を排除し、文武の全官人を整列させたはずだ。太政官（弁官）はおそらく再び黙認。まるで腫《は》れ物にさわるような対応である。

式部省は兵部省だけではなく、太政官に対しても強気に出ることができた。それはこの官庁が人事とともに儀式・礼法の監督を一手に担ってきた長年の実績と自負があるからだ。兵部省は人事官庁ではあるが、儀式・礼法とはまったく無縁である。

この一件でも、式部は「天皇の宣命が発せられる特別の儀式の場合は、文官と武官を区別せず、すべて式部が整列させるべきだ」との主張を展開した。儀式に精通した式部省にそう言われると、太政官も弱い。自分たちで論破することはできず、これを退けるのに法律専門家集団である明法曹司《みょうぼうぞうし》の手を借りねばならなかった。

儀式・礼法のプロ

式部省は儀式・礼法のプロフェッショナルが在職する官庁だった。この省の強みはそういう他の追随を許さないその道の専門家が在職し、後輩を指導し、不断に自負を植え付ける伝統を持っていることにある。平安前期、四たび式部官僚となった藤原松影《まつかげ》もその専門家の一人だ。

彼が二度目の式部省勤務のとき、ある宮廷儀式が行われた。その儀式に、源常《みなもとのときわ》が帯剣のまま儀場に入ろうとした。常は嵯峨上皇の皇子。こういう一字名を特徴とする嵯峨源氏の一人である。

さて通常、こういう場では帯剣禁止であるが、常は前もって淳和天皇から勅許を得ていた。ところが、その勅許のことを知らされていなかった松影ら式部官僚たちは、常の規律違反を詰《なじ》り、ついに帯剣を許さなかったという。

むろん、常はその場で勅許のことを彼らに告げただろう。それでも、彼ら式部官僚は常の帯剣を認めない。まるで常が嘘をついているか、勅許そのものが間違っているといわんばかりだ。どちらにしても、相当の鼻っ柱の強さである。相手が皇子だろうと遠慮会釈《えしゃく》もない。

とうとう常は大恥をかいて引き揚げ、これを聞いた父の嵯峨は激怒。さすがに彼らは降格処分となった。これなどは勇み足の感があるが、式部官僚の儀式・礼法に対する過剰なまでの自負を今に伝えて余すところがない。

しかも、この一件で弾正台に左遷された松影はまた戻って来るのだ。三度目さらには四度目の式部省勤務となる。故事に通暁し、立ち居振る舞いも天性の美しさと謳われ、後輩すべての模範とされた彼のような専門家は、何度も呼び戻して重用する。勅許のことを知らず皇子の帯剣を詰る非礼を犯した過去など問題とされない。むしろ、職務への揺るぎない自信が好もしくさえある。式部省はそういう官人たちが支えたのだ。この省は太政官も下手に太刀打ちできない実力を持っていたのである。

そんな実力官庁だからこそ、大宝令で棲み分けた兵部省の武官人事権ですら、なかなか譲渡(返還)しようとしない。さらには他官庁の仕事まで横車を押してわが物としようとする。物は言いようだが、精力的な官庁なのだ。

怠業する官庁

もっとも、精力的ではない、仕事をしたがらない官庁などあったのかと思われるかもしれ実際にそういう官庁もあったのだ。たとえば、掃部司《かもんのつかさ》（大蔵省外局）と内掃部司《うちのかもんのつかさ》（宮内省《くないしょう》外局）である。

弘仁十一年（八二〇）、太政官の公卿たちは天皇に奏上して両司の統合を提案。裁可された。その理由がふるっている。

「両司は内の字が付く付かないの違いはあるが、その職掌はともに会場設営である。ところが、公けの会合や臨時行事の座を設営する段になると、両司は互いに譲り合い、ともすれば欠怠を致す」

両司には一応の棲み分けがあって、掃部司は大極殿・朝堂院など朝廷での設営、内掃部司は紫宸殿など内裏での設営であったはずだが、全体に内裏での行事が増えてきたこともあって、両司の棲み分けは曖昧《あいまい》になった。それならそれで、シフトを組むなどして調整すればいい。だが、そんなことはしない。元来が設営の仕事などやる気がないのだ。譲り合いといえば聞こえはいいが、要するに仕事の押しつけ合いを始め、結局会場設営が行われないままになってしまう。

「やるべき仕事は少ないのに、担当官庁が二つもあるのは多すぎる」などと公卿たちからも揶揄《やゆ》される始末だ。一部官人の職務放棄どころではない。官庁ぐるみの怠業である。

自ら進んで仕事をしようとはせず、互いに譲り合う、いや押しつけ合う。その結果、会場設営が何もできていないという無責任な事態を招く。それでも一向にかまわない。そんな官庁もあったのだ。「われわれが内裏や朝廷の会合・行事の場を設けるのだ」という矜持は微塵もない。

これにくらべれば、式部省はいかに精力的な官庁であったことか。そしてもっと大切なことは、式部省が人事官庁として、管理下の官人たちの権益を守る。そのことを忘れなかったことだ。そこにこの官庁の矜持がある。

2　官人たちを不当な制裁から守る

弾正台との対立

第二章の終わりで、給季禄儀に季禄を受け取りに来ない官人がいることにふれた。大宝元年（七〇一）の法令によって、四位以上は免除されるが、五位以下は必ず本人が大蔵省前庭に出向いて受け取らねばならない。無断欠席すれば、弾正台の糺弾を受けることも定められていた。

この弾正台こそ、式部省と日ごろからぶつかり合うことの多い官庁だった。というのも、式部省と弾正台は職掌が重なり合うからである。式部省は宮廷内の儀式・礼法を監督するが、弾正台の方は官人の監察機関なので、官人の非違全般を糺弾する。だから、儀式の場などでは、式部省も弾正台もともに官人の規律違反に目を光らせる。しかし、違反者に対する姿勢にはかなりの温度差があった。

先の大宝元年の給季禄儀についての法令は、五位の位禄支給とともに、延暦十一年（七九二）には改めて「新弾例」として公布された（八二頁参照）。この「新弾例」の運用をめぐって、式部省と弾正台は激しく対立する。

延暦十九年（八〇〇）、式部省は次のような解《げ》（上申文書）を太政官に提出する。

「弾正台はわれわれに送りつけてきた文書でこう言っている。給季禄儀に無断欠席した五位と六位以下の官人たちは勅例（新弾例）違反であり、その罪に応じて考（勤務評定）を下げ、処罰しなければならない、と。しかし、ここで弾正台の言う通りにすれば、官人たちは違勅罪に問われることになる。犯した罪は軽いのにかえって重い贖銅《しょくどう》（罪相当額の銅を国庫へ納入すること）を科すことになる。しかも、六位以下の場合は、必ず解官ということになってしまう。この件につき、太政官の善処をお待ちしたい」

弾正台の言い分ももっともなのである。勅例に違反したのだから相応の勤務評定を行い、相応の刑罰を科すべしと言っているにすぎない。式部は勤務評定だけではなく、儀式の出欠確認も行っていた。弾正台は無断欠席が横行している事実は把握していても、具体的な官人名は特定できない。だから、無断欠席者について、勤務評定を下げるだけではなく、刑部《ぎょうぶ》省《しょう》に送って処罰を受けさせよと式部省に迫っている。

官人擁護の論陣

その式部が「ちょっと待ってくれ」と言っているのだ。給季禄儀に無断欠席しただけだ。違反とはいえ、軽微な罪だ。それを違勅罪に問われて、贖銅は科される、官は解かれる。重すぎやしないか。そう言って、無断欠席者を断固擁護する論陣を張ったのだ。

ここは少し説明が必要だ。律によれば、違勅罪を犯した者は「徒《ず》二年」を科される。徒は現代でいう懲役刑だが、足枷《あしかせ》・首枷などで身体を拘束されるので、古代では重い刑罰だ。といっても、官人たちには実刑を免れる換刑の特典があった。

五位官人はその位階自体の特権で「徒二年」が「徒一年半」に減刑。さらに、位階（たとえば従五位下）を一年間剝奪されることにより「徒二年」が償われる。これを官当《かんとう》という。ただし、彼はすでに「徒一年半」に減刑されているので、位階の剝奪は「徒半年」分が過剰になる。そういう場合は、官当ではなく、すべて贖銅によって換刑する。結局、「徒一年半」は三〇斤（約三〇キログラム）の銅で償われる。貴族とはいえ、これはかなりの負担だ。式部省が言う「重い贖銅」とは、まずはこれをさす。

一方、六位以下官人もその位階によっては減刑される。しかし、いずれにせよ、まずは官当で償わなければならない。そして、足らない分は贖銅で償う。最大で二〇斤（約二〇キログラム）だ。官当によって一年間位階を剝奪されれば、当然その間は官を解かれる。式部省が言う「六位以下は必ず解官」とはこのことをさしている。贖銅も決して軽くない。式部の「重い贖銅」は六位以下のものもさす。

式部省の主張容認

この解《げ》を受けた太政官は勅命を経る形で、「しばらく待て」と式部に命じる。ここは「前向きに検討する」と答えてひとまず保留したのだ。しかし、この件ではまともに相手にされなかった弾正台もさることながら、太政官も大いに面子を潰された格好である。延暦十一年（七九二）の勅例（新弾例）はむろん、実質的にはかつての太政官が制定した法令だからだ。式部はその勅例に背いたからといって、大した罪でもないのに「違勅罪」は重すぎる、なんとかしろ、と当の太政官に向かって責め立てたのである。

保留した太政官がその検討結果を出したのは、二年後の延暦二十一年（八〇二）のことである。時間はかかったが、式部省にとっては痛くも痒くもない。太政官の判断が示されていないのだから、無断欠席した官人の刑部省送りを公然と回避できる。しかも、その検討結果は式部の主張を全面的に認める内容であった。やはり勅命を経る形で、違勅罪の適用を控える次のような判断を示した。

「違勅罪を科すというのは明らかに過重である。罪過を戒めるときこそ、目の粗い緩い網をかけるべきだ。法令違反には普通の刑罰を科すべきだから、弾例違反に対しては、違式罪が相当である」

「違式罪」は「笞《ち》四十」。減刑される場合は「笞三十」。笞罪の換刑には官当ではなく、贖銅が用いられる。四斤または三斤。解官はない。式部が言う「軽微な罪」にふさわしい軽科である。式部省が弾正台と太政官を向こうに回して勝利を収め、官人たちを過重な贖銅や解官から守ったのである。同時に、それまで弾正台は給季禄儀やさらに給位禄儀においても、自分たちで出欠確認できない状態が続いていたのだが、その状態はその後も続くことになる。式部は両儀への弾正台の介入を許さなかったのである。

弾正台の反撃

しかし、このとき敗れた弾正台はおとなしく引き下がらなかった。九年後の弘仁二年(八一一)には、次のような解《げ》を太政官に出して、弾正台による出欠確認を一部認めるよう要請する。

「延暦十一年（七九二）の勅例では、位禄も季禄も五位以上は自ら大蔵省に出向いて禄を受け取れ、もし出向いてこない場合は、弾正台が糾弾せよ、と定めている。ところが、弾正台には五位以上の歴名《れきみょう》（出席予定者リスト）がないので、出欠の確認が思うようにできない。この点につき、太政官の判断をお願いしたい」

給位禄儀・給季禄儀での五位以上の出欠確認。五位以上といっても、実際には位禄は四位と五位、季禄は五位に限られる。それだけでも認めよと言っているのだ。法の趣旨からすれば、弾正台の言っていることは不当ではない。むしろ当然すぎるくらいである。

なぜなら、延暦十一年の勅例（新弾例）は両儀の無断欠席者をほかでもない弾正台が糾弾すると定めているからだ。そのためには出欠を確認する必要がある。それには歴名がなければ始まらない。それが弾正台にはない。そもそも、それがおかしいのだ。

これは何を意味するか。五位以上も六位以下も、官人の大半を占める文官は式部省が管理している。その式部省が弾正台にあらかじめ両儀の出席予定者リストを送っていない。送ることを拒んでいるのだ。弾正台が引き下がらないのも無理はない。延暦十一年の勅例が出てから二〇年このかた、弾正台は式部省から受けるべき歴名の提供を受けずにきた。式部省の提供拒否に泣かされ続けてきたのだ。

その間、弾正台から式部省や太政官に向けて事態の改善を求めるアクションがとられたことだろう。だが、式部省は頑として撥《は》ねつけてきた。そこで、弾正台はやむなく無断欠席者を把握する式部省に対し、彼らを違勅罪で処罰するよう強く求めてきたのだ。本来は弾正台がすべきことだが、できない以上は式部に厳正な対処を求めるほかない。ところが、式部がそれさえも撥ねつけて、太政官に違勅罪適用を回避させたことはすでに述べた通りである。

こうして、官人たちを守ろうとする式部省との二〇年もの軋轢《あつれき》の末に、弘仁二年（八一一）、弾正台は「せめて五位以上だけでも」と先の解を出してきたのだ。

しかし、その軋轢は実は二〇年どころではない。筆者はそう疑っている。というのも、延暦十一年の勅例（新弾例）は、元をただせば大宝元年（七〇一）の法令の焼き直しにすぎないからだ。すでに大宝元年には、「給季禄儀に無断欠席した五位以下官人は弾正台が糺弾する」と定まっていた。この時から式部省の非協力は始まっているのではないか。

弾正台は事実上糺弾できず、無断欠席者への対処は式部省に委ねざるをえなかった。だから、弾正台も太政官も延暦十一年に勅例という形で改めて法令を出し、式部省に匿名を出させて弾正台の糺弾権を確保しようとした。しかし、それに怯《ひる》むような式部省ではなかった。そういう経緯なのではないか。

式部省の現実的姿勢

ともあれ、ここにきて、太政官は弾正台の要請を認めて次のような判断を下す。やはり勅命を経ている。

「式部省は五位以上の歴名を書写して、儀式のたびに弾正台に送れ。ただし、六位以下の出欠確認については、式部省の専管とする」

これは弾正台にとっては、式部との積年の抗争で摑んだ初めての勝利ではあるが、大局的にはいわば喧嘩《けんか》両成敗である。太政官は弾正台の要請を認める一方、本来はやはり弾正台が糾弾すべきだった六位以下について現状を追認し、式部省にすべて委ねたからである。式部は官人の圧倒的多数を占める六位以下については、給季禄儀の出欠を管理し弾正台の糾弾から彼らを守ることを公認されたのだ。

官人たちの権益を守る実力官庁、式部省。その面目躍如である。それにしても給季禄儀への無断欠席について、「犯した罪は軽いのに違勅罪は重すぎる」とはよくぞ言い切ったものだ。第二章で紹介した考唱の無断欠席（六五〜六六頁）について、やはり式部が「わずか一日の怠りによって一年の労すべてが破棄されるのは制裁として重すぎる。大目に見るべきだ」（六九〜七〇頁）と言い切ったことと軌を一にしている。

儀式・礼法を担当する官庁がそう言い切るのだ。源常《ときわ》の一件のように、おのれの貴種（高貴な生まれ）を恃《たの》みに勅許を振りかざす手合いには厳しく規律遵守を迫る一方で、官人たち、とりわけ六位以下の官人の怠業には、思いのほか寛容である。朝賀儀の無断欠席にしても、六位以下官人たちがほとんど出席しない状況になるまで動こうとしなかった。少なくとも、式部省は「儀式は君臣関係確認の場」などという認識にとらわれていない。儀式は成立しさえすればよい。そのためには、無断欠席者に代わって天皇の前で「代返」(代理称唯《いしょう》)までする。官人たちが拝礼・拝舞など礼式を憶えようともせずに出席し、天皇の前でぶざまな姿を晒《さら》しても、儀式が成り立ってさえいればそれでよいのだ。

儀式への無断欠席にせよ、その他の怠業・怠慢にせよ、官人とはそういうものだというきわめて現実的な認識に立っている。怠業・怠慢も畿内の詐病郡司のようにあまりに利己的で国法を愚弄するような企みには、人事官庁として厳しくも適正な対応をとる。

しかし、そうでもない限り、怠業・怠慢の官人たちへの制裁を無闇に重くすることにはあえて反対した。重くするより、片目を瞑《つむ》る。これが式部省の基本姿勢だ。律令制草創期以来、人事官庁として日本の官人たちを知り尽くした式部省。その式部省ならではの現実的な姿勢である。

官人たちの多少の規律違反にいちいち目くじらを立てない。そういえば、かつて式部省自身も、下級官人の大量採用を図るため令規を超えることを厭《いと》わなかった。給位禄儀・給季禄儀でも長年にわたって、出席予定者のリストを弾正台に送ることをサボタージュした。これも立派な規律違反である。しかし、たとえそうでも、式部はまったく意に介さない。令規や規律にとらわれず、時にそれらを超える。現実の生身の官人たちを採用・管理する上ではそれも必要なことだ。ノウハウとして、そういう考え方をつねに持っている現実的な官庁。それが式部省だった。

終章　官僚に優しかった「専制君主国家」

怒り猛る中国皇帝

唐の貞観《じょうがん》元年（六二七）、時の太宗《たいそう》皇帝は奸吏《かんり》（汚職官僚）を取り締まることに熱心で、人を使って官僚たちにわざと財物を贈らせ、受け取る者がいないか試した。そうしたところ、ある官僚がその贈り物の絹一匹を受け取ったことがわかった。太宗は怒り、その男をすぐさま処刑しようとした。そのとき、民部尚書《みんぶしょうしょ》の裴矩《はいく》が太宗を諫める。

「この男が賄賂の品を受け取ったことは重く罰せられるべきです。しかし、陛下がわざと贈り物をさせてこの男を試し、それを受け取ったからといって極刑に処す。それは人を罪に陥れたということです。人倫に悖《もと》り、礼に合致しない恐れがございます」

太宗はこの諫言《かんげん》を容れて処刑を思いとどまった。

それから一〇〇年ほどのちの開元《かいげん》十年（七二二）、冀州《きしゅう》の武強《ぶきょう》県の県令裴景仙《はいけいせん》は、当地でその地位を利用して五〇〇〇匹の絹布を「乞い取った」（相手に頼み込んで手に入れた）ことが露見した。時の玄宗《げんそう》皇帝は激怒。人々を集め、そこで景仙を処刑するよう命じた。それを大理卿《だいりけい》の李朝隠《りちょういん》が、「乞い取った場合は死刑には当たらない」「景仙の曽祖父裴寂《はいせき》は元勲である」などと諄々《じゅんじゅん》と玄宗を説き、やはり死刑を思いとどまらせるのだ（『唐会要《とうかいよう》』巻四〇）。

皇帝が官僚の犯罪に怒り猛《たけ》り、法をはるかに超えた厳罰を科そうとする。それを冷静沈着な臣下が諫め、法に基づく適正な処罰へと引き戻す。中国ではしばしば忠臣の美談として伝えられるが、見方を変えれば、これが専制君主なのである。罪刑法定主義などどこ吹く風。怒りに任せて、君命で官僚を処罰する。中国では、忠臣の美談の陰に隠れて、皇帝の逆鱗《げきりん》にふれそのまま刑場の露と消えた官僚たちが実際にはいかに多くいたことか。

天皇は専制君主か

しかし、古代日本には中国のような忠臣の美談は伝わらない。当然である。官人の犯罪に激怒し、恣意的で酷薄な処罰を命じた天皇などいないからだ。

精力的に中国的な専制君主像を目指した天武天皇でさえ、使者の出発当日での職務放棄をしばらくの間は咎めなかった。その後咎めるようになっても、その年の冠位昇進をさせないといった行政処分にとどまった。かりに勅使に任命されていながら、さしたる口実もなく職務放棄しても、命は取られず、都から追放されるわけでもない。

天武の血筋を引き武の君主だった称徳女帝も近年は専制君主の呼び声が高いが、自分が臨席した任官儀で官人たちがおおぜい無断欠席しても、「首に縄をつけてでも連れてこい。決杖《けつじょう》（太い竹の笞《むち》で打つこと）して思い知らせよ」などと憤ることはなかった。ばかりか、欠席者に代わって、式部省掌が「代返」（代理称唯《いしょう》）しても、その欺瞞《ぎまん》めいた便法に怒り出しもせず、黙ってやりすごしていた。

中国皇帝の祭祀である郊祀《こうし》を日本で初めて行った桓武天皇は、奏上のことがあるたびに悪臭を放つ奏紙を嗅がされていた。しかし、しばらくじっと我慢した上で、内侍を通じて少納言を叱責し、改善を命じただけであった。怒りのあまり、ただちに少納言や部下の史生ら奏上関係者を召し捕らえ、不敬のかどで厳罰に処すといったようなことはしない。

桓武の皇子で唐文化への憧憬が人一倍強かった嵯峨天皇も、唐ではありえないわが国の意気阻喪するような光景を目の当たりにしていた。元日朝賀儀の朝庭。早朝から日が暮れるまで。一向に現れない六位以下官人を待ちながら。しかし、だからといって彼らの無断欠席に怒り猛ってはいない。請印や請鈴をめぐる少納言の遅刻・欠怠に対してもそうだ。

古代日本の天皇は、官僚の生殺与奪の権を握った中国皇帝にくらべれば、およそ専制君主らしくないのである。そんな「専制君主」を天皇として戴《いただ》く古代日本は、当然のことだが官僚に優しい「専制君主国家」だった。

すでに本書で折々に述べてきたことも、そのことを物語っている。官人たちの目を覆いたくなるような怠業・怠慢に対してさえも、古代日本の国家は驚くほど寛容であり、対処は緩慢だった。強権をもって厳しく統制することはしない。

適用されなかった職制律

官人の怠業・怠慢と言ったが、律令国家においては、それは実は立派な犯罪である。官人の職務上の犯罪は、刑法典である律のうち、職制律《しきせいりつ》が罪刑を定めている。怠業・怠慢についても明文がある。

それによると、官人が無断欠勤したり、不正休暇を取った場合、一日までは「笞《ち》二十」、その後三日ごとに笞・杖《じょう》の科刑（八五頁参照）が加算され、さらに日数が増えれば、徒刑《ずけい》（二〇〇頁参照）となる。最高刑は二八日以上で「徒一年半」。たとえば、八位の官人が一日無断欠勤すれば、換刑により贖銅《しょくどう》二斤。ちゃんと刑事罰が用意されているのである。日本律令国家が官僚を統制するとすれば、この規定を厳格に適用すればよい。

しかし、本書の読者はもうおわかりだろう。実際には適用しなかったのである。思い起こしていただきたい。弁官申政を無断欠勤した少納言は、延暦二十四年（八〇五）の宣旨で欠勤一日につき、上日《じょうじつ》（勤務日数）五日分の没収。それをのちに四日分の没収とした。この緩い行政処分のほかに、律の規定による刑事処分があったわけではない。もしあれば、無断欠勤はそこまで横行しなかったに違いない。

任用されたとたん、詐病によりその職務を放棄した畿内郡司たちにも、応分の刑事罰が科された形跡はない。入色枠五〇〇名のうち、正当な理由なく欠勤するざっと一〇〇名ほどの春宮舎人たちも同様である。もし、彼らを律規定の適用対象としていたら、政府は対応にそこまで苦慮しなかっただろう。

また、その律規定がもし実際に適用されるものであったのなら、写経生たちが休暇後そのままずるずる無断欠勤しようなどとはつゆ思わず、式部省も省内の使部たちの詐病に頭を悩ますことはなかったはずだ。

このように、無断欠勤や不正休暇を戒めた職制律の規定は現実には適用されていない。例外は、使者の詐病による職務放棄だけだ。天武はこれに対しては当人の昇進停止という行政処分にとどめたが、後世、刑事罰を科すことになった。使者の派遣当日になってからの突然のキャンセルはやはり影響甚大である。重要案件で時間的制約のある場合はなおさらだ。国家を窮地に陥れる可能性もある。にもかかわらず多発したのだろう。しかも、大半が不当なキャンセル。ここはさすがに、律規定の力を借りねばならなかったようだ。

しかし、これを除けば、日本律令国家はその律規定を恃みにはしなかった。それを恃みに強権をもって精勤を強いることはしなかった。まるでその足元を見透かすかのように、官人たちがしばしば怠業・怠慢で困らせるようなことがあっても、その姿勢にほとんど変化はなかった。

官人たちを厳しい制裁から擁護したのは式部省だけではない。公卿たちも、少納言の弁官申政への無断欠席を「少し大目に見るべきだ」と制裁を緩和した。官人擁護の式部省の主張を容認したり、黙認したのも太政官の公卿たちだった。国法編纂機関の撰格所《せんきゃくしょ》もまた、不参の祝の解任を「たった一度の欠怠で」と擁護した。そして、これを聞き容れたのもやはり公卿たちである。

「罰金」を納めない官人たち

むろん、官人たちは国家の統制を受けなかったわけではない。職制律による刑事罰の適用対象となり贖銅の納付を命じられる者もいた。贖銅は銅を地金で納める制度だが、日本では現実には銅の代わりに相当分の銭や布で納めることもあった。

ところが、驚くべきことに、この贖銅を納めようとしない官人たちが少なからずいたのである。弘仁十一年（八二〇）、司法担当官庁の刑部省は太政官に解《げ》（上申文書）を送り、こう嘆いている。

「今、官人の犯罪が次から次に絶え間なく発生し、贖銅の未納も年々増加している。わが省の贖銅徴収吏はただ督促や戒告に疲れ果てるばかり。納付すべき者たちは一向に納めようという気がない。彼らは自分が受けた贖銅の判決を侮り、この先どんな制裁があるかなどと畏《おそ》れるそぶりもない」

贖銅の未納とは、罪を償っていないということだ。そんなことが許されるのか。しかし、これは制度上、十分予想されることであった。というのは、贖銅を納めないからといって、実刑を食らうわけではないからだ。

ただ、納付期限はある。遅れると「笞十」から「杖百」までの追加の刑事罰が定められていた（断獄律《だんごくりつ》）。しかし、これも結局贖銅に換刑されるから、いわば未納分が増えるだけだ。強制力とはならない。

だとすれば、納めようとしない者が現れるのは当然である。制度上の強制力がないのだから、なかなか納付してもらえない。刑部省には同情も禁じえない。しかし、そういう制度上の限界があるのなら、刑の執行者である彼らこそが、多少荒っぽい方法を用いてでも、未納者を徹底的に追及し、執拗に贖罪させねばならないはずだ。

しかし、そういうことを日本律令国家はまったく求めていない。制度上、十分予想されることであったにもかかわらず、官人たちの贖罪遁《のが》れを想定していない。杜撰《ずさん》といえば杜撰。呑気《のんき》だともいえる。

統廃合された徴収担当官庁

かつて、この贖銅徴収を担当する官庁として贓贖司《ぞうしょくし》という官庁があった。刑部省が管轄する外局である。ところが、実際にそれまで官人たちに贖銅を科すこと自体少なかったためか、大同三年（八〇八）には他の多くの官庁とともに統廃合の対象となった。本省（刑部省）に吸収されてしまったのである。贖銅徴収など、長官以下の吏員をわざわざ置かねばならないような業務ではない。本省の兼務で十分だ。そういう判断があったのである。

結局、日本律令国家には、「贖銅徴収も公正にして厳正であるべき刑の執行である、そのためには万全を期す」といった発想はない。「贖銅を厳しく取り立てて法秩序を維持し、その法秩序の下で官人をしっかり統制しよう」という発想がないのである。怠業・怠慢の官人たちへの対応が寛容・緩慢であった日本律令国家は、この点でも官僚に優しい「専制君主国家」であった。

さて、先の刑部省の解《げ》は贖銅未納の現状をひとしきり嘆いた後、具体的な提案に移る。それは、中央の官人に限ってみれば、長上官については位禄や季禄を差し押さえる、番上官については検非違使《けびいし》に徴収させるというものだ。

位禄・季禄の差し押さえなど、なぜもっと早くからやらないのかと訝しく思われるほどだ。贖銅を納付しようとしない官人に対し、それでも位禄・季禄の全額受給を認めてきた日本律令国家の寛容さには苛立ちすら覚える。

検非違使に全面委託

しかし、もっと興味を引くのは、番上官の贖銅徴収を京内の新興警察組織である検非違使に委ねると言っていることだ。番上官は位禄・季禄のような差し押さえられる給与がないので、直接取り立てるしかないのだが、それを検非違使に外部委託するというのだ。「刑部省ではもうできません」と泣きついたのである。

要するに、「刑部省がいくら取り立てに努めても官人たちは完全にわれわれを舐《な》めきっていて、言うことを聞いてくれない。ここはもう強面《こわもて》の検非違使に頼むしかない」と白旗を掲げているのである。平安京内の治安悪化に対処するために新設された検非違使は、新興の警察官庁だが、京内の凶悪犯罪を含むさまざまな犯罪を扱っていた。すでに官民から恐れられる治安組織となっていたのだろう。その検非違使ならきっと厳しく取り立ててもらえる。自分たちにはできない手荒な手段も使って。刑部省も正直である。

しかし、見方を変えれば、これもまた官僚に優しい「専制君主国家」の一側面ではあった。贖銅を納めようとしない官人たちは刑部省の手には負えない。とりわけ、直接取り立てるしかない番上官は完全にお手上げである。ならば、刑部官人が実力部隊の検非違使とともに取り立てに当たって、少しでも本来の職責を担う意思を示すかといえば、そうではない。自分たちは面倒なことからさっと手を引き、検非違使にすべて丸投げするのだ。

これは一見合理的な考え方ではある。しかし、それだけではない。本来の職務であることを知りながら、面倒な職務、手間のかかる職務はできれば放棄したい。甲斐なき取り立てに疲労困憊《こんぱい》した刑部省には酷な言い方になるが、多くの律令官人に見られる怠業・怠慢の傾向はこの官庁にもあった。太政官もまた、その刑部の提案を認めている。ここでも、官僚に優しい「専制君主国家」の顔が覗くのである。

日本律令国家の外観と内実

古代日本の律令国家は、外観は紛れもなく「専制君主国家」であった。しかし、その「専制君主」であるはずの天皇に対して、官人たちは少なくとも過剰な君臣観念にとらわれていなかった。とくに六位以下の下級官人たちは、忠良の臣下であることより、私利私益を優先させた、合理性を持ったしたたかな人々であった。

律令官人は強制的に儀式に参加させられ、そこで否応なく君臣関係を確認させられる。そう考えたい研究者は多い。しかし、そんなことはなかった。六位以下は平然と無断欠席したし、五位以上もこれに続いた。それでも、日本律令国家は強権的に官人たちを儀式に出席させるようなことはしなかった。

また、律令官人は勤勉で職務に精勤したわけでもなく、規律に従ってつねに身を律していたわけでもない。勝手に職務を放棄し、あえて規律違反も犯した。それでも、日本律令国家は官人たちを厳罰に処すことはせず、官人たちを擁護する式部省の意を受け、時にはそれまでの制裁を緩和することさえ厭わなかった。

そして、幸いなことに、古代日本には、官僚の罪過に理不尽なまでに怒り猛り、法を超えて「首を刎《は》ねよ」と命じるような本物の専制君主もいなかった。法を超えなかっただけではない。ここでいう法とは主に官人の過失・犯罪と科刑を定めた律のことだが、全く同じ過失・犯罪なのに、八世紀初頭に成立した日本の律は中国の律（唐律）にくらべて全体に科刑が軽い。唐律を参考にしつつも、科刑を意図的にあえて軽くしているのだ。

たとえば、唐律では皇帝の行幸に使用する船を過失により壊れやすい船に造ってしまった場合、その建造担当者（技官）は絞首刑と定めているのに対し、日本律ではこれを徒《ず》三年に軽減している。死刑と徒刑とでは天と地の差だ。

この科刑軽減化は初めて知る読者も多いだろうが、研究者なら誰でも知っている著名な事実である。敗戦以前にはわが国の「温和な国民性」によるものなどと言われてきたが、戦後はほとんど言及されない。中国にくらべて「温和」と自賛するナイーブさは問題だが、この科刑軽減化の事実を避けてきた戦後の学界の動向も異様である。

それはともかく、中国の律に学びつつも、そこに見られる厳罰主義をそのまま受容しようとはしなかった事実はたいへん重要である。「唐律の科刑はわが国でそのまま適用するには重すぎる」「わが国では官人の過失・犯罪に対しそこまでの厳罰を要しない」という認識が当時の国家指導者に確実にあったからである。

当時の国家指導者とは、初めて律の制定を命じた天武であり、その遺志をついだ持統、さらには彼女を支えた不比等らであった。律令官人群の形成を急ピッチで進めた天武の場合、にわかづくりの未熟な官人たちへの配慮から厳しい統制を避けたことはすでに述べた。

しかし、そのことと関連するが、もっと根本的な理由がある。中国の礼のような儒教的な社会規範が欠如していたことだ。そのような日本で、いたずらに厳しい官人統制を求めるのはむしろ非現実的であり、多少の怠業・怠慢はやむなしと判断していたのだ。むろん、その判断は天武だけではない。律令国家の建設に邁進《まいしん》した指導者たちも等しく共有した。下級官人など多くの官人たちはそもそも忠勤を美徳としていない。ならば、怠業・怠慢は避けられない。そう見込んでいるのだ。

それでも回る律令国家

日本の律令国家は官人たちの怠業・怠慢を不可避として、これを想定内に抑えながら回していこうという国家なのである。怠業・怠慢に対する寛容・緩慢としか思えない国家の対応も、裏を返せば現実的な対応であった。

想定内に抑えながら回すとは、たとえば次のようなことである。律令官人たちの給与としては、長上官の季禄が主要なものだが、これ以外にも時代により変遷はあるものの、時服《じふく》、月料《げつりょう》、要劇料《ようげきりょう》、番上粮《ばんじょうろう》などの諸手当があった。各官庁はこれらの人件費を個別に月ごと半年ごとに財政官庁に請求し、所定の上日をきちんと確認して官人たちに支給する。

ところが、その請求の仕方が変わっている。官人たちの勤務実態など全く関係ない。所属の官人たちが全員所定の上日を満たしたとみなして請求するのだ。翌月分や次期分を請求する場合はこれでもいいが、前月分や前期分（半年）を請求する場合でも同じなのだ。不思議な請求の仕方である。毎月毎期、官人たちは揃って精勤し、誰も欠勤しなかったというのか。

これも本書の読者ならおわかりだろう。そんなことはむろんありえない。無断欠勤にせよ、病欠にせよ、欠勤は毎月毎期あったはずだ。そういう勤務実態だったにもかかわらず、全員精勤した（する）とみなして人件費を請求する。いったいどういうことか。これを解く鍵は「不仕料《ふしりょう》」にある。

「不仕料」とは、各官庁で員数分請求して得た人件費を精勤者に手当として支出したあと、残った不支給分のことだ。「仕えなかった者」（欠勤者）がいれば当然不支給分が発生する。これを「不仕料」として繰り越し、建物の修理費用など各官庁の運営経費に充当させる（相曽貴志説）。つまり、官人たちが怠業・怠慢により欠勤すれば、その分人件費が浮いて官庁の運営経費が多少とも潤う仕組みになっているのだ。

「不仕料」という名称は平安時代に入ってからのようだが、このような名称が生まれるほどに官人たちの欠勤は常態化していたのだ。しかも、欠勤を前提としてこういう仕組みを作り上げるのだから、律令国家は官人たちの怠業・怠慢（欠勤）をある程度まで織り込み、それを逆手に取って人件費の効率的運用まで図る余裕があったのである。怠業・怠慢の官人たちが所属官庁の財政面では貢献する皮肉。国家の側も決してやられっぱなしではない。

同様のことは馬料《めりょう》についてもいえる。神亀五年（七二八）に在京の五位以上長上官への特別給として設けられた馬料は、平安時代に入ると同じく六位以下長上官にも支給対象を一挙に広げた。長上官全員を対象とする季禄が在京に限りもう一つ増えたように見えるが、そうではない。この馬料の受給条件は半年間に一二五日以上勤務することだが、この条件を満たしても受給できるとは限らない。官庁ごとに職階に応じて細かく受給人数が定められていて、多くの場合、その受給人数が定員より少なく設定されているからだ。

諸陵寮《しょりょうりょう》という天皇陵墓を管轄する官庁を例にとろう。ここの長上官は長官一名、次官一名、判官二名、主典二名の計六名である。ところが、馬料の受給人数は長官・次官枠から一名、判官枠から一名、主典枠から一名の計三名。半分しかいない。では、たとえば長官も次官も先の条件を満たしていたらどうするか。そのときはより忙しく立ち働いた方に支給し、両者差がつかない場合は、相当位の高低に応じて按分《あんぶん》比例する。太政官など定員分すべて受給できる官庁もあるが、多くはこの諸陵寮のように、受給人数割り当てが定員を下回る。あの人事官庁式部省ですら、判官四名・主典四名のうち受給できるのはおのおの二名分だけにすぎない。

あえてパイを小さくして同程度の職階の官人たちを競わせる。馬料はそんな競争原理に基づく特別給だった。長上官の精勤を奨励するインセンティブだが、それを必要とする事態が各官庁で発生していたということだ。いわずと知れた怠業・怠慢である。とりわけ下級官人たちに顕著だった。受給人数の割り当てが定員を下回るのは、各官庁ともに六位以下の職階（判官・主典など）に多い。

しかし、見方を変えると、律令国家は各官庁の長上官について、精勤しない者は常に数名前後いると想定しているのだ。そして、怠業・怠慢をその想定内に抑えれば、国家は支障なく十分回ってゆく。そう踏んでいるのである。馬料は精勤官人たちへの特別給であると同時に、怠業・怠慢を想定内に抑え込むための安全弁でもあった。ひとしなみに椀飯振舞《おうばんぶるまい》するようなことはしない。

この馬料にせよ、先の諸手当にせよ、その制度設計に共通して認められるのは、官人の怠業・怠慢をある程度織り込みながら、無駄なく効率的なランニング・コストで官僚機構を維持しようという発想である。古代日本の律令国家は官僚に優しいだけではない。合理性を重んじる現実的でしたたかな「専制君主国家」であった。

あとがき

元日朝賀儀という天皇出御の重要儀式に官人たちがおおぜい無断欠席している。「そんなバカな」と自分の眼を疑った。この記事が掲載された『日本後紀《にほんこうき》』（逸文）はそれまで何度となく読んできたのに、気づいていなかった。自分の迂闊《うかつ》さに呆れる気持ちも手伝って、受けた衝撃は大きかった。かれこれ一〇年ほど前のことである。

もっとも、律令国家の官僚統制については、以前から「寛容で緩慢」との感触を抱き続けてきたことも事実だ。二〇〇〇年の夏には、モントリオールで開催された第36回国際アジア・北アフリカ研究会議（ＩＣＡＮＡＳ）で「古代日本の寛容な王権」（**The Tolerant Kingship in Ancient Japan**）と題する研究発表も行っている。ただ、このころはまだ、終章でもふれた日本律の科刑軽減化や死刑執行の回避傾向のことが中心で、その後もさほど進展してはいなかった。

ところが、朝賀儀での官人たちの無断欠席とこれに対する律令国家の緩い対応に驚いてからは、「そういえば」というような事例が記憶の片隅から甦《よみがえ》ったり、これまで見過ごしていたが「これもそうか」といった事例が向こうの方から史料上に次々と姿を見せるようになった。

中でも、懐かしさとともに思い出したのは、第二章で取り上げた任官儀における「代返」である。欠席者に代わって省掌が称唯《いしょう》することを「代返」に喩《たと》えたのは、実は筆者ではない。尊敬する古代史家の早川庄八氏である。格調高い論文で知られた早川さんがあえてこんな俗語を使っている。微笑《ほほえ》ましくも、しかしどこか気になる表現ではあった。

その「代返」を何年かぶりに思い出したとき、筆者の脳裏に浮かんだのは、任命権者の天皇が臨席する晴れがましい儀式に官人たちが大挙して欠席し、一方その不体裁を糊塗《こと》するかのように御前をも顧みず式部省掌が代返する光景だった。官人たちの潔いほどの怠業と国家の堂々たる欺瞞。かつて何となく気になっていたのは、この信じがたい異様な光景であった。

これまで語られることのなかったそのような光景の数々をできるかぎりわかりやすく紹介し、古代日本の官僚と国家について新しい知見を広く提示する。そんな書物を著せないか。筆者のような研究者でさえ信じがたいのである。一般の読者にはもっと信じがたいだろう。そうであればなおのこと伝えたい。そんな思いが日増しに募った。

もっとも、筆者は多くの日本人同様、これまで勤勉を美徳として生きてきたが、実際には必ずしも勤勉であったわけではない。そのことを棚に上げて、勤勉を美徳としていなかった時代の官人たちや国家の在りようを暴いてはあれこれ論《あげつら》う。それはいかがなものか。そう思うといささか気が引けた。

しかし、結局筆者が本書を著すことにしたのは、古代日本の官僚に対して、意外にも好ましく思う気持ちが強く働いたからである。怠業・怠慢は、むろん褒められたことではない。だが、どこか憎めない。国家の緩い対応も含めて古拙で牧歌的なところもある。

翻って、現代日本は官僚や政府が自らの失策・怠慢に対して異常なほど過敏である。マスコミをはじめ国民もともすれば過剰なまでに厳しい目を向ける。筆者は納税者としての行政監視や民主主義を否定するものではないが、古代日本の官僚たちの怠惰を隠そうともしない人間臭さも、これを結局は黙認する「専制君主国家」のおおらかさも、実はなかなか気に入っているのである。

本書ではもっぱら「怠業・怠慢」の官僚を強調したが、言うまでもなく古代にあっても勤勉な官僚、勤勉ではないが怠惰でもない官僚が多くいたことは、彼らの名誉のために一言弁じておきたい。ただ、そうはいっても、それは怠けるどころかオーバーワークで気の毒なくらいの現代日本の官僚たちの比ではない。古代のような怠業は困るが、有能な若い官僚たちが志半ばで離職するという現代の状況ははたして健全といえるだろうか。

本書の刊行にあたっては、中世史家の美川圭氏にお世話になったことをぜひとも記しておきたい。氏からいただいた『公卿会議』(中公新書)の「あとがき」に、美川さんは宮廷貴族は「武士のように、反対勢力を殺戮《さつりく》することによって、支配を強化するという考え方はほとんどない」と書かれている。これが筆者には大きな啓示となった。

古代史家としての関心から「律令国家は統制に従わない官僚たちに対し、有無を言わせぬ強制的な手段で統制強化を図ろうとはしない」と勝手に置き換えてみると、妙に得心がいった。独り合点にすぎないかもしれないが、援軍を得たように心強かった。それだけではない。同窓の旧知に甘えて、中公新書編集部の並木光晴氏をご紹介いただいた。まことに感謝の念に堪えない。

その並木氏とは東京大手町の中央公論新社でお会いし、筆者の構想をじっくり聞いていただいた。およそ二年余りを経て幸い本書刊行の運びとなったが、その間、並木さんから新書の書き方についていろいろ教えていただいたのはたいへんありがたく、また実に楽しかった。六十の手習いではないが、この歳でその道のプロから手ほどきを受けつつ、一つの作品を作り上げる経験を持つことができたのは刺戟的《しげきてき》であった。心より厚く御礼申し上げる。

最後に、筆者が勤務する鹿児島大学の学生諸君には、新型コロナウイルスの災禍の中、やむをえずリモートでの授業を通じて、本書の草稿を一緒に読んでもらった。慣れぬ操作で筆者の解説がスムーズに伝わらないことも再三だったが、それでも辛抱強く付き合ってくれた。おかげで、自分の考えを客観的に見直すことができたのはまことに有意義であった。記して謝意を表したい。

令和二年師走

虎尾達哉

主要参考文献

相曽貴志「不仕料について」(『書陵部紀要』五六、二〇〇五年)
饗場宏・大津透「節禄について」(『史学雑誌』九八―六、一九八九年)
青木和夫『日本律令国家論攷』(岩波書店、一九九二年)
石母田正『日本の古代国家』(岩波書店、一九七一年)
市大樹「大化改新と改革の実像」(『岩波講座　日本歴史』二、岩波書店、二〇一四年)
植木久『難波宮跡』(同成社、二〇〇九年)
大隅清陽『律令官制と礼秩序の研究』(吉川弘文館、二〇一一年)
大津透『古代の天皇制』(岩波書店、一九九九年)
小澤毅『日本古代宮都構造の研究』(青木書店、二〇〇三年)
鎌田元一『律令公民制の研究』(塙書房、二〇〇一年)
鎌田元一『律令国家史の研究』(塙書房、二〇〇八年)
岸俊男『藤原仲麻呂』(吉川弘文館、一九六九年)
北啓太「律令制初期の官人の考選について」(『史学論叢』六、一九七六年)
鬼頭清明『日本古代都市論序説』(法政大学出版局、一九七七年)
木下正史『藤原京』(中央公論新社、二〇〇三年)
笹山晴生『日本古代衛府制度の研究』(東京大学出版会、一九八五年)

笹山晴生『平安初期の王権と文化』(吉川弘文館、二〇一六年)
新川登亀男『日本古代の儀礼と表現』(吉川弘文館、一九九九年)
須原祥二『古代地方制度形成過程の研究』(吉川弘文館、二〇一一年)
関晃『日本古代の国家と社会』(吉川弘文館、一九九七年)
武光誠『律令制成立過程の研究』(雄山閣出版、一九九八年)
田原光泰「『考帳』について」(『学習院史学』五二、二〇一四年)
土田直鎮『奈良平安時代史研究』(吉川弘文館、一九九二年)
角田文衞『平安人物志』(法蔵館、一九八四年)
東野治之『長屋王家木簡の研究』(塙書房、一九九六年)
虎尾達哉『日本古代の参議制』(吉川弘文館、一九九八年)
虎尾達哉『律令官人社会の研究』(塙書房、二〇〇六年)
虎尾達哉『藤原冬嗣』(吉川弘文館、二〇二〇年)
虎尾達哉『律令政治と官人社会』(塙書房、二〇二一年)
虎尾俊哉『古代典籍文書論考』(吉川弘文館、一九八二年)
虎尾俊哉編『訳注日本史料　延喜式』中(集英社、二〇〇七年)
虎尾俊哉編『訳注日本史料　延喜式』下(集英社、二〇一七年)
直木孝次郎「続労銭について」(『続日本紀研究』六九、一九五九年)
直木孝次郎『奈良時代史の諸問題』(塙書房、一九六八年)
中村順昭『律令官人制と地域社会』(吉川弘文館、二〇〇八年)
西宮秀紀『律令国家と神祇祭祀制度の研究』(塙書房、二〇一三年)
西本昌弘『日本古代儀礼成立史の研究』(塙書房、一九九七年)
野村忠夫『古代官僚の世界』(塙書房、一九六九年)

野村忠夫『律令官人制の研究』増訂版（吉川弘文館、一九七〇年）
野村忠夫『官人制論』（雄山閣出版、一九七五年）
野村忠夫『古代貴族と地方豪族』（吉川弘文館、一九八九年）
野村忠夫『律令政治と官人制』（吉川弘文館、一九九三年）
橋本万平『日本の時刻制度』増補版（塙書房、一九八一年）
橋本義則『平安宮成立史の研究』（塙書房、一九九五年）
馬場基『平城京に暮らす』（吉川弘文館、二〇一〇年）
早川庄八『日本古代官僚制の研究』（岩波書店、一九八六年）
早川庄八『中世に生きる律令』（平凡社、一九八六年）
早川庄八『日本古代の財政制度』（名著刊行会、二〇〇〇年）
林陸朗『上代政治社会の研究』（吉川弘文館、一九六九年）
布施弥平治「贖銅考」（『日本法学』四二―一、一九七六年）
黛弘道『律令国家成立史の研究』（吉川弘文館、一九八二年）
水本浩典『律令注釈書の系統的研究』（塙書房、一九九一年）
宮城栄昌『延喜式の研究』論述篇（大修館書店、一九五七年）
森田悌『日本古代律令法史の研究』（文献出版、一九八六年）
山田英雄『日本古代史攷』（岩波書店、一九八七年）
山中裕『平安朝の年中行事』（塙書房、一九七二年）
吉川真司『律令官僚制の研究』（塙書房、一九九八年）
吉川真司『聖武天皇と仏都平城京』（講談社、二〇一一年）
吉川真司『飛鳥の都』（岩波書店、二〇一一年）
吉田孝『律令国家と古代の社会』（岩波書店、一九八三年）

律令研究会編『訳注日本律令』三（東京堂出版、一九七五年）
渡辺晃宏「兵部省の武官人事権の確立と考選制度」（『文化財論叢』II、奈良国立文化財研究所、一九九五年）

図版出典

図表1　奈良文化財研究所より写真提供
図表2　古代学協会・古代学研究所編『平安京提要』（角川書店、一九九四年）をもとに作成
図表4　大阪歴史博物館より写真提供
図表7　村重寧編『日本の美術387　天皇と公家の肖像』（至文堂、一九九八年）より転載
図表8　『岩波日本史辞典』（岩波書店、一九九九年）をもとに作成
図表9　小澤毅『日本古代宮都構造の研究』（青木書店、二〇〇三年）をもとに作成
図表10　奈良文化財研究所より写真提供

虎尾達哉（とらお・たつや）

1955年（昭和30年），青森県に生まれる．京都大学文学部卒業．同大学大学院文学研究科博士課程中退．京都大学博士（文学）．現在，鹿児島大学法文学部教授．専門は日本古代史．

著書『日本古代の参議制』（吉川弘文館）
『律令官人社会の研究』（塙書房）
『藤原冬嗣』（吉川弘文館）
『律令政治と官人社会』（塙書房）
ほか

古代《こだい》日本《にほん》の官僚《かんりょう》
中公新書 *2636*

2021年3月25日発行

著　者　虎尾達哉
発行者　松田陽三

本文印刷　三晃印刷
カバー印刷　大熊整美堂
製　　本　小泉製本

発行所　中央公論新社
〒100-8152
東京都千代田区大手町 1-7-1
電話　販売 03-5299-1730
　　　編集 03-5299-1830
URL http://www.chuko.co.jp/

Published by CHUOKORON-SHINSHA, INC.
Printed in Japan　ISBN978-4-12-102636-1 C1221

中公新書刊行のことば

いまからちょうど五世紀まえ、グーテンベルクが近代印刷術を発明したとき、書物の大量生産は潜在的可能性を獲得し、いまからちょうど一世紀まえ、世界のおもな文明国で義務教育制度が採用されたとき、書物の大量需要の潜在性が形成された。この二つの潜在性がはげしく現実化したのが現代である。

いまや、書物によって視野を拡大し、変りゆく世界に豊かに対応しようとする強い要求を私たちは抑えることができない。この要求にこたえる義務を、今日の書物は背負っている。だが、その義務は、たんに専門的知識の通俗化をはかることによって果たされるものでもなく、通俗的好奇心にうったえて、いたずらに発行部数の巨大さを誇ることによって果たされるものでもない。現代を真摯に生きようとする読者に、真に知るに価いする知識だけを選びだして提供すること、これが中公新書の最大の目標である。

私たちは、知識として錯覚しているものによってしばしば動かされ、裏切られる。私たちは、作為によってあたえられた知識のうえに生きることがあまりに多く、ゆるぎない事実を通して思索することがあまりにすくない。中公新書が、その一貫した特色として自らに課すものは、この事実のみの持つ無条件の説得力を発揮させることである。現代にあらたな意味を投げかけるべく待機している過去の歴史的事実もまた、中公新書によって数多く発掘されるであろう。

中公新書は、現代を自らの眼で見つめようとする、逞しい知的な読者の活力となることを欲している。

一九六二年一一月

中公新書

日本史

d1

2189 歴史の愉しみ方 磯田道史
2455 日本史の内幕 磯田道史
2295 天災から日本史を読みなおす 磯田道史
2579 米の日本史 佐藤洋一郎
2389 通貨の日本史 高木久史
2321 道路の日本史 武部健一
2494 温泉の日本史 石川理夫
2299 日本史の森をゆく 東京大学史料編纂所編
2500 日本史の論点 中公新書編集部編
2302 日本人にとって聖なるものとは何か 上野誠
2619 もののけの日本史 小山聡子
1928 物語 京都の歴史 脇田修 脇田晴子
2345 京都の神社と祭り 本多健一
482 倭国 岡田英弘
147 騎馬民族国家（改版） 江上波夫

2164 魏志倭人伝の謎を解く 渡邉義浩
1085 古代朝鮮と倭族 鳥越憲三郎
2533 古代日中関係史 河上麻由子
2470 倭の五王 河内春人
2462 大嘗祭—天皇制と日本文化の源流 工藤隆
1878 古事記の起源 工藤隆
2095 『古事記』神話の謎を解く 西條勉
804 蝦夷《えみし》 高橋崇
1041 蝦夷《えみし》の末裔 高橋崇
1622 奥州藤原氏 高橋崇
1293 壬申の乱 遠山美都男
1568 天皇誕生 遠山美都男
2371 カラー版 古代飛鳥を歩く 千田稔
2168 飛鳥の木簡—古代史の新たな解明 市大樹
2353 蘇我氏—古代豪族の興亡 倉本一宏
2464 藤原氏—権力中枢の一族 倉本一宏
2362 六国史《りっこくし》—日本書紀に始まる古代の「正史」 遠藤慶太

1502 日本書紀の謎を解く 森博達
2563 持統天皇 瀧浪貞子
2457 光明皇后 瀧浪貞子
1967 正倉院 杉本一樹
2054 正倉院文書の世界 丸山裕美子
2452 斎宮—伊勢斎王たちの生きた古代史 榎村寛之
2441 大伴家持 藤井一二
2510 公卿《くぎょう》会議—論戦する宮廷貴族たち 美川圭
1867 院政 美川圭
2536 天皇の装束 近藤好和
2559 菅原道真 滝川幸司
2281 怨霊とは何か 山田雄司
2127 河内源氏 元木泰雄
2573 公家源氏—王権を支えた名族 倉本一宏
2636 古代日本の官僚 虎尾達哉
1617 歴代天皇総覧（増補版） 笠原英彦

中公新書

日本史

d4

- 2107 近現代日本を史料で読む　御厨 貴編
- 2554 日本近現代史講義　山内昌之・細谷雄一編著
- 190 大久保利通　毛利敏彦
- 2011 皇族　小田部雄次
- 1836 華族　小田部雄次
- 2379 元老―近代日本の真の指導者たち　伊藤之雄
- 2492 帝国議会―西洋の衝撃から誕生までの格闘　久保田 哲
- 2528 三条実美《さんじょうさねとみ》　内藤一成
- 840 江藤新平(増訂版)　毛利敏彦
- 2051 伊藤博文　瀧井一博
- 2618 板垣退助　中元崇智
- 2550 2551 大隈重信(上下)　伊藤之雄
- 2103 谷 干城　小林和幸
- 2212 近代日本の官僚　清水唯一朗
- 2294 明治維新と幕臣　門松秀樹
- 2483 明治の技術官僚　柏原宏紀
- 561 明治六年政変　毛利敏彦
- 1927 西南戦争　小川原正道
- 1584 東北―つくられた異境　河西英通
- 2320 沖縄の殿様　高橋義夫
- 252 ある明治人の記録(改版)　石光真人編著
- 161 秩父事件　井上幸治
- 2270 日清戦争　大谷 正
- 1792 日露戦争史　横手慎二
- 2605 民衆暴力―一揆・暴動・虐殺の日本近代　藤野裕子
- 2509 陸奥宗光　佐々木雄一
- 2141 小村寿太郎　片山慶隆
- 881 後藤新平　北岡伸一
- 2393 シベリア出兵　麻田雅文
- 2269 日本鉄道史 幕末・明治篇　老川慶喜
- 2358 日本鉄道史 大正・昭和戦前篇　老川慶喜
- 2530 日本鉄道史 昭和戦後・平成篇　老川慶喜